働く女の品格

Qualities of Professional Women

30歳から
伸びる
50のルール

戸田久実

毎日新聞出版

はじめに

私が社会人になったのは、バブル景気真っただなかの頃。好景気に日本中が沸き立っていた時代です。

皆さん、「バブル時代」と聞くと、どんな印象でしょうか？　きっと、奔放で明るく、自由を楽しむイメージが浮かぶことでしょう。でも、そんなイメージとはうらはらに、その頃の女性たちには、いまほど生き方の選択肢は多くはありませんでした。

25歳が結婚適齢期。結婚したら退職し、子どもができたら子育てに専念する……。多少の違いはあれ、多くの女性はそんな道をたどって家庭に入っていったものです。

では、選択肢が多くなった分、今、20代、30代の女性たちはより生きやすくなったのでしょうか？　残念ながら、そう単純なものではなく、自由になって受け取る幸せもあれば、その分、引き受ける悩みも多くなったように感じます。

たくさんのなかから、いざ「好きなものを選んでください」と言われても、たったひとつの「ベスト」を選び出すのは、なかなか難しいものなのです。

私は、研修、講演等の講師として約26年間、新人から管理職を対象に、年間約500０人以上、約10万人以上の指導に関わってきました。

仕事柄、たくさんの働く女性たちとお会いして、その本音を聞くことも多いのですが、自由に生きているはずの彼女たちも、悩みは尽きません。

「職場では中堅。キャリアを積み重ねてきたけれど、この先どうしたらいい？」

「結婚はどうする？　子どもも欲しいけれど、仕事と両立できるの？」

仕事だけではなく、職場の人間関係、恋愛、子育て、美しさ……さまざま相談を受けますが、全てを充実させるのは、自由な時代にあってもなかなか難しいようです。

そういう私も、正直にいうと、仕事、結婚、子育てを通じ、悩み、もがき、失敗して情けない思いをする……、そんな経験の繰り返しでした。

「10代の頃に描いていた30代の自分はもっと大人の女性だったはず」と理想とのギャップに焦ったり、頑張っている人と自分を比べたりして、もんもんとしたこともあります。

年齢を重ねることによる体力や容姿の衰えが気になったり、不安や寂しさに押しつぶされそうになったりしたことも一度や二度ではありません。

年齢を重ねた分、経験を積み、丸く、柔らかく、しなやかに熟し、何歳になっても能力も魅力も伸びていく女性がいるいっぽう、いつまでも若さに甘えたり、経験があるがゆえに、それにこだわって変化を拒み伸び悩む、残念な女性がいることも事実です。

では、両者の違いとは何でしょうか？　そして、いくつになっても成長を続け、周囲から際立つ女性に欠かせないものとは？

私は、そのひとつが、「品」や「品格」と呼ばれるものだと考えています。

とはいえ、思い立って、すぐさま身につくようなものではありません。それを、日々の暮らしのなかで少しずつ身体にしみこむように50の項目にまとめたのがこの本です。「感情のコントロール」「人間関係」「ふるまい」「話し方と言葉遣い」、そして「仕事への姿勢」。皆さんから寄せられる相談のなかから、とくに多い悩みを題材に選んでみました。本当の「美しさ」を手に入れるヒントになれば幸いです。

かつて、悩む私を、先輩や周囲の友人の言葉や存在が救い、勇気づけてくれました。それと同じように、この本が、日々、仕事に、プライベートにまい進し、ときに頑張りすぎてしまうあなたの心の栄養となれば、これほどうれしいことはありません。

２０１７年12月

戸田　久実

働く女の品格　30歳から伸びる50のルール　目次

第3章 人間関係にわずらわされない10のルール

第4章 ふるまいに品を添える8つのルール

第5章 運を引き寄せる話し方と言葉の11のルール

装丁／ｋｒｒａｎ（西垂水 敦・坂川朱音）
イラスト／石井理恵
本文ＤＴＰ／明昌堂
校正／東京出版サービスセンター
編集協力／星野友絵（ｓｉｌａｓ ｃｏｎｓｕｌｔｉｎｇ）

第1章

働く女の11の基本ルール

Rule

01

働くのは自分のためと腹をくくる

仕事はのびのびと自分の足で立つための一番大切な手段

▼あなたは何のために働きたいか？

いろいろな人に、何のために仕事をしているのかを聞くと、お金を稼ぐため、認められたい、人の役に立ちたい、仕事そのものが人生……などと、さまざまな答えが返ってきます。

仕事は、ひと言でいえば、自己実現できる最大のツールであり、食べていくための手段——。私はそう考えています。

たとえ結婚をして、安定した収入のあるパートナーがいたとしても、この先、いつ何があるかわかりません。

また、自分で稼いで手にした報酬を、誰に気兼ねすることなく自分や大切な人のために使えるのも、仕事の〝ごほうび〟のひとつです。

ただ、どんな目的があろうと、働くときは、「誰かのため」に働かない。つまり、最後は自分のためと腹をくくることが大切です。

息子が大学の単位を落として留年が決定的になったとき、思わず頭にきて「誰のために頑張って働いていると思っているのよ！」と言ったときのこと。

「僕のためとか言わないでよ。お母さんが好きで、自分のために働いているんだよね？」

そんな息子の言葉に、何も言い返せませんでした。

私は自分のために、自分がやりたくて仕事をしている。世間に認められ、誰かの役に立ち、必要とされる。そのために働いているんだと、改めて気づかされたのです。


イキイキと働いている人たちに共通しているのは、仕事を通して誰かの役に立っていることに喜びを感じている点です。そういう人は、皆、人望が厚く、仕事を通して自分のかなえたい思いを実現させています。

せっかく仕事をするのなら、誰かの役に立ち、必要とされて喜びを感じる。そんな循環を目指せたら、幸せではないでしょうか。

Rule

02 自分の「世話」は自分でする

マナーやふるまい以前の大人の条件

▼残念な女性に共通する3つのポイントとは

どんなに美しくて仕事ができる女性でも、一気に残念な印象を与えてしまうのが、自分の「世話」を他人任せにしていること。

わかりやすいのが、「いい大人」といわれる年齢になっても、身のまわりのことを親任せにしているというケースです。

たとえば、独身で実家暮らしなのをいいことに、母親に自分の食事や家事の一切をお願いしている女性。やろうと思えばできるのに、「誰かがやってくれるだろう」と甘えて動かないのであれば、自立できていない人だと思われても仕方ありません。

また、親から金銭的援助を受けているのも同じこと。30代、40代にもなって、親からお小遣いをもらったり、何かをねだって買ってもらったと自慢する女性がいて驚いてしまったことがあります。本人は、もらえるだけのお金があることをアピールしたいのかもしれませんが、周囲からいい印象を持ってもらえることはまずないでしょう。

お金の払い方が美しくなかったり、そもそも自分で支払う気がない女性も傍目には残念な印象だけが強く残ります。

とくに、30歳を超えて部下もいる立場なのに「人に払ってもらうのが当たり前」という考えでいると、きちんとした金銭感覚の人に誘われなくなってしまいます。

ときにはお金をさっと払えることも、大人の女性には必要なことです。

もちろん、人におごってもらうときには高いものを注文するのに、いざ自分が支払うときにはシビアになるような人は、一気に評判を落とします。

衣食住。自分の世話は自分でするようにしましょう。それが、大人の女性に必要な最低限の条件です。

Rule

03 チャンスは自分でつかみにいく

新しい挑戦にひるまない、無理して進まない

▼小さな積み重ねがチャンスを呼び寄せる

チャンスは誰かが運んでくれるものではなく、つかみにいくものです。

よく、「私にはチャンスがないんです……」と相談にくる人がいるのですが、チャンスは待っていれば向こうからやってくるようなものではありません。新しいチャレンジをしている人のことをうらやんでばかりいるだけでは、あなたには何も訪れません。

チャンスを手にしたいのなら、チャンスをつかみやすい自分になっておくこと。それには、日頃からの準備が欠かせません。

たとえば、何か実現したいことがあるなら、それに近づく努力はしておきましょう。

「憧れのあの人と仕事をしたい」と思ったら、まずはその人の講演や勉強会に参加して、

直接顔を合わせる機会を持つ。そこで顔を覚えてもらう努力をします。

「違う部署の仕事をしてみたい」と思うのなら、その部署の人から必要な情報、知識を収集したり、人脈をつくっておきましょう。そうやって上司に働きかけ、実際に希望部署に配属された人や、社内プロジェクトに応募して、自分の提案したプロジェクトが実現できたという人もいます。

いっぽうで、日頃から準備をしておらず、いざチャンスがめぐってきたときに一歩を踏み出せず、せっかくの機会を棒に振ってしまう人もいます。

小さな積み重ねがないままに、チャンスをつかむことはできません。やりたいことを叶えている知人の女性たちは、やはり陰で地道に努力を積み重ねています。

チャンスは誰にでもめぐってくるものですが、それをつかめるかどうかは、それまでの準備次第。日頃から、自分でつかみたいチャンスがどんなものかをイメージして、その上で、人前に出ても恥ずかしくない実力をつけておきましょう。

▼新しいチャレンジに迷ったら

とはいえ、新しいことにチャレンジするときは、そのまま進んでよいものか迷うことも、怖いという気持ちが湧いてくることもあるでしょう。

そのチャレンジが大きければ大きいほど、迷いも恐れも大きくなるはずです。

私も、新たな挑戦をするときには、いつも「怖い」という感情がじわじわと湧いてきます。

そんなとき進退の基準にしているのは、ただ「面倒だなぁ」と思うのか、「怖いけど、乗り越えた先にはチャンスがある」と思うのか。そのどちらなのかです。

新たなチャレンジには、そのための労力やエネルギー、うまくいかなかったときのリスクを引き受ける覚悟が欠かせません。それらを考えたとき、「怖いけどわくわくする」と思うのか。「そんなことまでするのは面倒くさい」「気が進まなくなった」と思うのか。自分に質問してみましょう。

私の場合、はじめての出版が、まさに新しいチャレンジでした。

売れなかったら次の出版はないし、出版社や制作に関わってくれる人たちにも迷惑がかかります。

名前が世に出ることで、バッシングを受けることもあるかもしれない……。いろいろなことが頭をよぎりましたが、「このステップを踏まなければ次に進めない」と思ったとき、腹をくくることができました。

いっぽうで、リスクの大きさを考えて、進まないという選択をするときもあります。自分で責任がとれる範囲（金額の損失額も含めて）を超えていたり、誰かを巻き込んだり、迷惑をかけることになってしまうような場合は、あえて進みません。

新たなチャレンジはたしかに怖いことですし、うまくいくかどうかもわかりません。準備や段取りも入念にしなければならないでしょう。

でも、自分の新たな可能性を得るチャンスになりますし、たとえうまくいかなかったとしても、それもまたいい経験になります。怖いけれど取り組んでみたいという気持ちが湧くのなら、思い切って挑戦してみましょう。

「死ぬこと以外はかすり傷」ですから、一度や二度の失敗でめげる必要はありません。そして、決断したなら、人のせいにはしない。人のせいにしていい結果になることは、何ひとつありません。あなた自身の人生ですから、どんな結末になっても、自分の責任なんだということは忘れずにいたいですね。

Rule
04

「うまくいかない」にとらわれない

自分に非がないことにいつまでもくよくよしなくていい

▼自分で負のスパイラルを引き寄せない

提案が通らない、クレームを続けて受ける、体調を崩す……というように、うまくいかないことが2つ、3つと続くと、「私が何か悪いことをしたんだろうか」「やり方が悪かったんだろうか」と悩んでしまう人が多いのですが、じつはそんなことはありません。

なぜならそれは、悪い事象ばかりに目を向けて、余計なストレスがたまっていき、しまいには前向きに物事をとらえられなくなっているだけのことが多いからです。その証拠に、逆に、なぜかいいことが続いたからといって、そこに深い意味があるかどうかは考えませんね。同じように、悪いことばかりが続くことに、深い意味はないのです。

ですから、うまくいかないことが続いたら、まずは「そういうこともあるよね」と冷静にとらえてみてください。

自分に非があるわけでないのなら、「たまたま続いたんだ」と気持ちを切り替えてみましょう。「何もかもうまくいかない」と思い込んでいると、ささいなことも「ほら、やっぱりまた悪いことが起こった」とネガティブに感じてしまいます。それがめぐりめぐって余計にうまくいかない状況を引き寄せてしまうこともあるのです。

大切なのは、悪い出来事に目を向けるより、今後どうするかを考えることです。トラブルが起こったら、まずどうすれば解決できるかに目を向けましょう。解決策を考えて動いているうちに、余計なことまで考えて、うじうじ悩んだりすることもなくなっていきます。

「これにはこう対処すればなんとかなる。その次はこうしよう……」と、とにかく淡々と解決に向けて動いていくのです。

そして、落ち着いたら、同じことを繰り返さないためにできることはないのか、再発防止策を考えておきましょう。そうすると、何か立て続けにトラブルが起こっても、「またひとつ、経験値が上がった」ととらえられるようになりますよ。

Rule

05

年齢に焦らない・言い訳にしない

いまだからできることに素直に向き合う

▼その年齢だからできることはないか？

女性にとって、好むと好まざるとにかかわらず、なかなか人生と年齢の問題は切り離せません。とくに20代後半から30代にかけては結婚、出産など、年齢とセットで語られるイベントが次々と訪れます。年齢は足にからみついた鎖のようなもので、「考えるな」と言うほうが無理でしょう。

では、仕事の上ではどうでしょう？　そこでもまた、働く女性は、自分より若い人が活躍している姿を見ると、つい焦ってしまうこともあるのではないでしょうか。そんな相手と自分をあれこれ比べれば比べるほど、苦しくなってしまいます。

でも、どんなに悩もうと、年齢のことは考えても仕方のないことです。だっていくら考えてもその年齢をやり直すことはできないのですから。

そんなときは、その人の姿を見て、「吸収できることはない？　私にも生かせそうなことはない？」ととらえ直してみましょう。世代交代はどの時代でもあるものです。

私も、自分より年下で活躍している女性を見て、「この若さで、ここまで考えているんだ」「ここまで成し遂げるなんてすごい」と思うことはありますし、正直にいうと、以前は「私がこの人の年齢のときには、ここまではできていなかったな……」とちょっと落ち込んでしまうこともありました。

でも、心理学者のアドラーが言うように、「過去、うまくできなかった自分を振り返ることは、解説にはなるけれど解決にはならない」のです。

若い世代だからできることもあれば、年齢や経験を積み重ねた世代だからできることもある。そう割り切れるようになると、気持ちもラクになっていきました。

絶対にやってはいけないのは、活躍している若手の悪口を言いふらしたり、あら探しをしたりすることです。

「あの人があのキャリアで仕事のチャンスを得られたのは、上司のお気に入りだから。取り入るのがうまいのよ。男ウケする顔だしね」「あの人の洋服のセンス、いまひとつよね。しかも全然似合っていないし」

相手のことを素直に認めず、悪評を流すような言動をしていると、かえって自分への評価を下げてしまうことにもなります。

焦って人の批判に逃げても、あなたに解決は訪れません。

▼50歳で海外に飛び出た知人からもらった勇気

「もう○歳だから何もできない」と、年齢を言い訳に、自分の課題から逃げるのもやめましょう。

私のまわりにも、「子どもが大学生になって、手がかからなくなった。だから働こうかな。でも、この年齢だから難しいわよね」「本当は海外で仕事がしたいけど、もう30歳だから無理!」などと言う女性がいます。

こうやって年齢を言い訳にする人には2種類のタイプがあります。ひとつは、やりたいのだけれど、自信がないというタイプ。もうひとつは、本当は変わりたいとは思っていないのに「年齢のせいでできない」と話をすり替えて主張するタイプです。

私の知人には、50歳で海外の大学院への留学にチャレンジした女性がいます。

彼女は、大学卒業以来学んだことのない英語を約1年で習得し、見事試験に合格しました。単身で留学することを決めた勇気ある彼女を尊敬すると同時に、強い意志と努力があれば、足にからみついた年齢の鎖など引きちぎって前に進むことができるんだと、勇気をもらったことを思い出します。

▼あなた自身の「頑張りたい気持ち」を無視しない

何かにチャレンジするとき、年齢が邪魔することは確かにあります。でも、年齢のせいにして、チャレンジしない自分を正当化していませんか?

「これができたらいいなぁ」という気持ちが繰り返し湧いてくるのなら、挑戦しましょう。

テニス選手の伊達公子さんは、普通であれば現役で戦い続けるのが難しい年齢になっても活躍し続けていました。挑戦し続ける姿が、多くの人の胸を打ちました。つまり、年齢に関係なく「チャレンジすることは素晴らしい」と、誰もが心のなかで思っているのです。あなた自身のなかに眠っている「頑張りたい」という気持ちも、無視しないであげてくださいね。

Rule

06

ロールモデルを無理に探さない

女性の人生は一人ひとり違うもの

▼なりたいイメージを多くから学べばいい

このところ、30歳前後の女性たちから、「近くにロールモデルがいない」という悩みを驚くほど多く打ち明けられます。

ですが、そもそも、ロールモデルがいないといけませんか？　女性の人生は、一人ひとり違います。まったく同じ環境で、まったく同じような仕事をして、まったく同じような生活を送っているという人が、そもそも少ないのです。だからこそ、大切なのは、完全なロールモデルを求めないこと。そして、それを、ひとりに限定しないことです。

私自身も、講師になろうと決めた時点で、進もうとするその道にぴたりと一致するロールモデルはみつかりませんでした。

ですから、「仕事についてはこの人をお手本にしよう」「子育てしながら仕事をするならこの人をお手本に」「母親としてのお手本はこの人」「休日の過ごし方はこの人のスタイルがいいなぁ」などと、複数の女性のいいところを見習うようにしました。

ロールモデルは、男性でも、実際には会ったことのない人でもいいでしょう。大切なのは、まずどんな自分でありたいのか、どう生きたいのかをイメージすることです。それに沿って、「この人のこのやり方はいいな」と思った人をお手本にしましょう。

桜の咲く時期になると、講師の大先輩に伺った、こんな話を思い出します。

それは、ある有名な染織家の話で「桜から桜色を出そうとしたら、桜の花ではなく幹の樹皮からとった染料で染める。桜色の美しい色は、木全体が持っている色であって、花の色はその一部が表に出たもの」というエピソード。

桜色は、外に見える花だけではなく幹の内側からにじみ出てくるもの。だからこそ、私自身、軸となる幹はそう簡単には育たないものだと思い、いろいろと試行錯誤し、努力を重ねてきました。

どんなにうまくいっているように見えても、ひと振りで夢をかなえる魔法の杖を持っている人なんていないのです。

Rule

07

秘密を守る

他人の秘密を漏らさない・踏み込まない

▼秘書の大切なスキルとは

信頼を積み上げるには一朝一夕ではかないませんが、それを失うのは一瞬です。

私は、20代半ばで、ある企業で社長秘書をつとめていました。当然、立場柄、役員や取引先との会話を耳にすることも多く、人事や公になっていない情報などを事前に知ることや、役員のプライベートの話題に触れる機会もありました。それを何かと知りたがったり、聞き出そうとする人のなんと多いこと……。

この仕事で上司から厳しく言い含められたのは、うっかり口を滑らせることの怖さ、秘密を守ることの大切さでした。

また、他人の秘密に触れてしまったとき、見て見ぬふりをすることも必要です。たとえば職場の同僚が、あきらかにパートナーではない既婚者とデートをしている場面に出くわしてしまったら、あなたはどうしますか？

こんなときは、その場では見て見ぬふりをし、それ以降も相手が何も言ってこなければ、どうこうしようと思う必要もなく、こちらから踏み込んでいかないほうが賢明です。 つい、よかれと思って「あの人との付き合いはやめたほうがいいわよ。ばれてしまったらあなたも大変なことになるし」などと忠告したくなる気持ちもわかります。ですが、あなた自身に迷惑がかかることでなく、相手が相談をしてきたり、アドバイスを求めてきたりしなければ、それはあくまでも「相手の課題」なのです。つまり、この結末の責任をとるのは相手であって、あなたではないのだから、踏み込む必要もないのです。

もちろん、この手の話を「ここだけの話だけど」と周囲の人に漏らすのも厳禁です。知った「秘密」を守り、人の「秘密」に干渉しないというのも大人の女の基本です。

Rule

08

赤裸々な打ち明け話をしない

恋愛や性に関する話題は相手を選ぶ

▼自己開示することは悪くないが……

自分の失敗や弱みは、決して悪いものではありません。

むしろ、それを素直にさらけ出したり、自己開示をしたりすることで、相手に親しみを持たれ、心の距離がぐっと近づくことがあります。

私自身も失敗談を話したところ、思いがけず「戸田さんでもそんな失敗しちゃったことあるの？　なんだか安心した」「親しみが湧いた」と言われたことが度々あります。

ただし、当然のことですが、どんなことでも包み隠さず差し出せばいいというものでもありません。相手との距離感を間違えた、あまりにも赤裸々な「打ち明け話」は相手を戸惑わせるだけ。充分な注意が必要です。

なかでも、たとえば、恋愛や性にまつわる話は非常にデリケートで、どこまで話をするのか、それを話していい相手なのかを冷静に見極めることが大切です。

もちろん、付き合いも長く、かなり親しく、信頼できる相手であれば、プライベートの話題の延長で相談することもあるでしょう。

しかし、複数人が集まるお酒の席や女子会、ママ友の集まりなどでこの手の内容の暴露はおすすめできません。

話すことであなた自身は一瞬はすっきりするでしょうし、周囲から面白がられはするけれど、あなた自身への評価を高めることにはつながりません。

親しくなった取引先の女性との食事会で軽く恋愛の話題になった際に、「こんなふうに男性からアプローチされ、そしてこんなお付き合いをして…」と、性的な話にまで話が及んで返す言葉に困ったという話を、知人の女性から聞いたことがあります。「打ち明け話をした女性」はもともとは容姿も中身も魅力的な人だったらしく、赤裸々な内容に「自分がいかに女性として魅力的かをそんな形でしかアピールできないのか」と、そのギャップに知人女性はちょっとがっかりしたそうです。

▼人前でいきなり下着になるようなもの

私も企業研修で初めて会った女性から、研修後にコミュニケーションの話題から派生して、プライベートに関して相談を受けることがあります。

内容はさまざまですが、軽めの恋愛話から、セックスレスの話題にも及びます。ときには、夫の不倫をどうしたらやめさせられるかというような、泥沼のケースを涙ながらに30分以上相談されたこともありました。

きわめてプライベートにも近い、コミュニケーションをテーマにした研修を担当する講師で、今後会うこともなく後腐れない関係だと、つい口が滑らかになってしまうのも仕方ないのかもしれません。

しかし、ごくプライベートな領域の恋愛や性の話題をさらけ出すのは、人前でいきなり下着姿になってしまうようなものだと心得ましょう。

▼その話が誰かを傷つけていないか？

とくに、恋愛や性に関わる内容、夫婦の話であれば、それはあなただけでなく、パートナーにも関わる話であるはずです。「二人のプライバシー」に関わる話ですから、言っていいことと悪いことがありますね。相談相手がパートナーの知り合いだったり、リアルに想像できたりする場合は、誰もがいい気分にはなりません。

もちろん、あなたがパートナーとの関係にいくら悩んでいたとしても、パートナーのプライバシーに踏み込むような情報や、聞いて相手が傷つくようなことを軽々しく口にしてはなりません。

恋愛生活や夫婦生活においてはきれいごとだけでは済まされないこともあるでしょうし、プライベートの出来事で感情が浮き沈みすることはあるはずです。

ときには、それを誰かに聞いてもらいたいという気持ちになることもあるでしょうし、実際に、話すことで心が落ち着くこともあります。

ですが、くれぐれも打ち明け話をするときは、さらけ出す内容の深さと相手との距離感とのバランスを誤らないようにしてください。

Rule

09

5年先の自分を思い浮かべて、いま動く

欲しいのは何が起きても対応できるしなやかさ

▼「だからできない」ではなく「したいからこう動く」

うまくいかない人の特徴のひとつに「いま、ここ」しか見ていない傾向が挙げられます。そして、多くの場合、うまくいかないことを、「何か」や「誰か」のせいにしてしまいがちです。その割に、いま動こうとしません。

たとえば、「どうせ会社は男性優位だから女性の私の提案なんて認めてくれない」「ロールモデルがいないからリーダーなんて無理」「仕事が忙しいから子どもを産むなんて」「女性の再就職が難しい世の中だから」「夫が協力的ではない」など……。

いっぽう、いいキャリアの積み方をしている人は、5年後、10年後までを見通して行動しています。自分がやりたいことが明確で、目の前の仕事でも結果を出し、周囲とど

う協力していけばいいのかというところまで考えて動いています。

大手企業で社内初の産休・育休を取得したある女性は、「出産・育児をしながらもこの仕事をしたい」と思ったとき、その制度を認めてもらうためにも、実績を積み、いざ休職・復職するときにも周囲に協力してもらえるような関係づくりをしていたそうです。

私が就職した頃は、女性が結婚し、出産後も働くという感覚は、まだあまり一般的ではありませんでした。でも、研修講師業という職業に出合ったとき「実力をつければ、組織に属さなくても自分で仕事を選べる可能性がある。子育てしながらでもできるのでは？」と先輩講師を見て強く感じたのです。それから26年、私は当時を思い浮かべたとおり研修講師として働き続けています。

２年ほど前から、大手企業では事務職をシステム化し、女性事務職のスタッフ数を削減して他部署に異動させるという取り組みをはじめました。今後ＡＩの発達や導入により、いまの仕事がずっとあるかどうかはわかりません。女性にこそ、いつ何が起こってもいいように先を見通して動くことを意識してほしいのです。

どんな変化にも適応できるような、しなやかな対応力を身につけましょう。

Rule

10 そろそろ「やめる勇気」を持つ

「わかっちゃいるけどやめられない」はうそ

▼自分という器に盛る「もの」「こと」を選ぶ

社会人になって間もない20代の頃は、誰もがいろいろなものを何かと貪欲に吸収し、大きくなろうとする時期です。しかし、30代に差しかかったら、そろそろ手に入れるばかりでなく、整理し、手放し、自分という器に盛るべき「こと」「もの」を見極めることが重要になってきます。

私自身も、20代は交友範囲を広げるためにさまざまな場に出かけ、多くの人と知り合い、交流し、ゴルフやフラワーアレンジメントなど、趣味の範囲も広げたものです。新しいことにチャレンジしたり、多くのことを学びたいと思って、セミナーや資格認定講座に行ってみたりしたのもこの時期です。

われながら、ずいぶんとエネルギッシュに活動していたものです。

特に、若い頃から講師業をしていた私は、がむしゃらにいろいろなことを身につけようとしていました。

肩を並べて働くベテラン講師の方々と比べると経験がない分、そうやってとにかくいろんな「こと」「もの」を身につけることで、その差を埋めようとしていたのかもしれません。

ところが、そうやって30代も半ばになったとき、ふと「それは本当に必要なのか」と考えるようになったのです。

時間にも限りがあります。いろいろと広げていくと、それぞれにかける時間の捻出が難しくなりました。学びや人との付き合いも、広げすぎると、一つひとつを深めることができず、結局、自分自身の成長にもつながらないと感じるようになりました。

自分という花壇の中で、ところせましとたくさんの種をまいて多くの花を咲かせようとすると、養分の取り合いになってしまうでしょう。大切に育てたいものにしぼって種をまき、大きくなるように育てる。それと同じことかもしれません。

20代から30代前半くらいまでは、いろいろなことにチャレンジし、取り入れてみる。その後、「何が自分にとって必要なのか」「それは今後、本当に必要なのか」と振り返り整理してみましょう。すると、ときには、「この仕事は私が抱え込むよりも、任せられる後輩を育てて手渡そう」などと気づくことがあるかもしれません。そんなときは次の世代を育てることに意識を向けて、〝おいしい仕事〟を手放す勇気も必要です。

私も、仕事が少しずつ忙しくなって、すべてをこなすことはできないと思いはじめたとき、本当に自分が続けたい仕事だけに絞って、ほかをお断りしたことがあります。

ですが、長く続けていたことをやめるという判断を下すのは、勇気がいるものです。とくに、「あなたにお願いしたい」と言われていることや、仕事、長年の習慣を手放すのは、なかなかしんどいことですが、次のような場合は、思い切ってやめましょう。

・やめると申し訳ないからという理由で、習いごとなどを続けること
・話が合わなくなってきているのに、なんとなく続けてしまっている人付き合い
・身体への負担を感じはじめている場合のタバコや深酒
・何年やってもどうしてもやりがいを感じられない仕事　など

ただ、続けることはよくないとわかっていてもやめられない、ということもあるでしょう。これは、「わかっちゃいるけどやめられない」のではなく、やめたくないから、やめない自分がいるということです。

「タバコをやめるとかえってストレスがたまるから」「他にいい仕事がないから」などと、自分がやめないことを正当化している人もいるのではないでしょうか。

開き直るのならそれもまたいいのですが、続けていてストレスになってしまうのが目に見えているのなら、あなたにとっても、周囲にとってもよくありません。やめた後の時間をどれくらい有効に使えるのかをイメージしてください。自分に何が必要なのかを選択することは、自分の人生を大切にすることにつながります。

「やめる勇気」は、自分らしく幸せな人生を送っている女性たちが共通して持っている力かもしれません。

Rule

11 ひとりで生きる不安と無理して闘わない

不安は生きる知恵にもつながるもの

▼まずは経済的に自立する

「結婚に興味がありません。でも、ひとりで生きていくのが不安なんです…」

最近、世代を問わず、よく耳にする悩みです。

「ひとりで生きていく不安」については、じつは私自身も何度も悩んできました。

「私たちは高齢なんだから、早くこの世を去るかもしれない。だからひとりで生きていけるようにしなさい」

両親が年をとってから生まれ、ひとりっ子で育った私は、物心がついた頃から度々両親から自立への道を促されていました。そんなことが、この問題について深く考え始めたことに関係しているのかもしれません。

「なんとなく不安」という気持ちに対処するには、どうすればいいのでしょうか。

結論からいえば、真っ先に考えるべきは、経済的に自立することです。

そもそも、不安のない人生など存在しません。どんな暮らしをしていても、不安はついてまわるものです。でも、経済的に自立していれば、目の前の不安をぐっと軽減させることはできます。

不安な気持ちが湧いてきたときには、不安なことを具体的に紙に書き出してみてください。仕事はどうする？　貯蓄は？　家は？　もし病気になったら？　いまの仕事を続けることに不安を感じたり、このまま働いていけるのか不安になったり、親が倒れたらどうしようと心配になったり、老後は大丈夫なのかと焦ったり……。できるだけ不安の種をたくさん書き出して、どうすればその不安を減らせるのか、具体的な対処策を考えておきましょう。

▼結婚で手に入れる安心と新たに生まれる不安

いっぽうで、結婚して、パートナーと二人で、また、子を成し家庭を築けば完全に不安から解放されるかといえば、そんなことはないでしょう。

なぜなら、そこで解消される悩みもあるいっぽうで、誰かと人生や生活を分かち合うがゆえの不満や不安も、また生まれてくるからです。

「パートナーのお給料が下がって、生活が苦しくなったらどうしよう」

「結婚相手が失業したらどうしよう」

「お互いの親が病気になったらどうしよう」

「子どもを授かることができるのだろうか」

「子どもが万が一、事故にでもあったら……」

「この子を失うようなことがあったら……」

家族が増えることで、新たな心配事がむくむくと出てきます。


こんなふうに、人間は不安を感じる生きものなのです。

さらに補足すれば、不安を感じるというのは、決して悪いことではありません。

不安は、これから起こりうる出来事について心配してしまうときに生まれる感情で、未来に対する恐怖からきています。

「もし家族が重い病気になったらどうしよう」
「景気が悪くなって給料が下がったらどうしよう」
「大地震が起きたらどうしよう」
など……。

裏を返せば、こういった不安があるからこそ、未来に起こりうるリスクへの対処を考えられるといえます。行きあたりばったりで右往左往するのではなく、事前に対策を立てておくことで、ダメージを最小限にすることができます。

つまり、不安は生きる知恵にもなるのです。

「なんとなく不安……」という気持ちが湧いてきたら、その都度不安に感じることを具体的に書き出して整理し、対処法を考える癖をつけておきましょう。

不安と闘うのではなく、うまく付き合える状態を目指したいですね。

column
コラム

「女らしさ」を出しても、女を「売り」にしない

職種にもよりますが、長く仕事を続けていると、男性とチーム組んだり、男性を相手に交渉したりすることが少なくありません。そんなとき、ときおり「男のように」ふるまう人をみかけます。もちろん、それがその人のもともとの気質であればいいのですが、「対等」にこだわって無理に演じているようなら、その必要はありません。

仕事をする場において大切なのは、無理に男性のようにふるまうことではなく、女性ならではの良さ、「女性らしさ」を生かすことではないでしょうか。

私が社会人になったのは、ちょうど男女雇用機会均等法が施行された直後。とはいえ、実際の職場は、決して男女平等とはいえない時代でした。

総合職の採用は男性のみ。女性は、結婚、出産したら退職するのが暗黙の了解。採用時は同じだった給料に、いつのまにか差がつけられて、昇進していくのは男性ばかりという状況の企業が多く存在しました。

私も、30代の頃には、今では考えられないような対応をされたことが何度もあります。ある大手金融関係の企業では、研修内容はいいけれど女性講師には任せられない、と断

られましたし、プレゼンテーション研修に登壇したときは、男性受講者から、「えっ!?　お姉ちゃんなの？　なんだ、おっさんかと思って来たのに」と言われたこともあります。プレゼンテーション研修やリーダー向けの研修は男性講師が担当すべきで、女性はマナー研修でも・や・っ・て・い・れ・ば・い・い・と思っていたようです。

そんな時代でしたから、今以上に、負けるもんかと鼻息荒く、男性と張り合う姿勢を貫く女性もいました。私も、数々の体験が奮起の材料になったいっぽうで、その当時はずいぶん悔しい思いをしたものです。

ですが、それでも私は、男性と互角に渡り合うために、「男性のようにふるまう」ことはしなくてもいいと思っていました。

男性、女性、それぞれ特性があり、それぞれの良さがあります。

一般的に、女性のほうが、男性に比べて共感力が高く、細かい気遣いや周囲への配慮ができる人が多いように感じます。他人のちょっとした変化に気づいたり、細かく相手を思いやったりするのは女性のほうが得意です。また、その場の雰囲気を和らげ、華やいだものにするのも男性にはなかなかできないことかもしれません。

「ビジネスの場であっても、女性ならではの『華』を失ってはいけない。また華の割合を調整しなければ、とたんに『品』を失う」

友人でパーソナルスタイリスト創始者、政近準子さんの言葉は、ふるまいだけでなく装いにも通じます。そして、とても大事なことに触れています。

そう。「華の割合を調整」せず、女性らしさを間違った方向に発揮して、「女を売りにしている」と思われると、「とたんに『品』を失う」のです。

実際には、男性と女性ではその「扱い」に差が出ることがあり、「女性だから」と、あきらかに男性よりもていねいに扱われることもあるはずです。たとえば、取引先から、ちょっとした融通を利かせてもらったり、食事をご馳走になることもあるかもしれません。

そんなとき、仕事をきちんとした上で、丁重に御礼を伝え、その好意を受けるのであれば問題ない範囲ですが、相手の下心が見えるお誘いには注意が必要です。まして、その下心をわかっていて、利用しようとするのはやめましょう。

媚びを含んだ女の甘えは、傍から見るとわかりやすい上、気持ちのいいものではありません。特に、相手が男性のときと女性のときとでは対応が明らかに違うとなると、なおさらです。たとえ仕事ができたとしても、その仕事の評価さえ「女を使ったのでは?」と、正当な評価を得られなくなってしまいます。

第2章

感情と心を整える10のルール

Rule

12

「感情的」ではなく「感情豊か」になる

「私は」を使って上手に感情を表現する

▼「感情的」と「感情豊か」の一番の違いは？

「感情豊かだね」と言われて嫌な気持ちになる女性はいないでしょう。ですが「あなたは感情的だね」と言われたらどうでしょう？　なんとなく短所を指摘されたようで屈辱的に感じる女性が多いようです。

では、感情的であることと、感情豊かであることとはどう違うのでしょうか。

まず、「感情的」とは、ネガティブな感情に振り回されてしまうことです。

感情的な人は、湧いてきた嫌な感情を誰かにぶつけたり、「私がこんなに悲しいのはあなたのせい」「あなたはどれだけ私を困らせるの！」「私がどれだけ寂しかったのかわかる!?　わからないでしょ！」と、自分の感情を押しつけたりします。「あなた」を主語に「こんな感情になったのはあなたのせい」だとメッセージを出します。

これを繰り返していると、幼稚な人、器が小さい人と受け取られ、ビジネスの場でもプライベートでも、周囲から必要以上には関わってもらえなくなります。

いっぽう、「感情豊か」とは、感情を素直に表現できること。感情豊かな人は、「すっごく楽しい～」「こんなことがあって悲しい！」と、ただ自分の気持ちをわかってもらえるように表現します。いつでも主語は「私」。

当然ですが、素直に感情表現ができる人、裏表がない人だと好感を持たれます。

悲しい、つらい、ということを感情的な表現でＳＮＳに投稿する人もいます。

もちろん、投稿自体は自由です。ただ、悲劇の主人公のように「こんな私に注目して」「私がこんなに悲しい思いをしているのをわかって」といわんばかりに投稿するのは考えもの。かまってほしい下心が透けて見えて、逆に引かれてしまうこともあります。

「感情的」と「感情豊か」の一番わかりやすい違いは、「感情的な人は嫌われる」「感情豊かは愛される」につきるのです。

Rule

13

自分の機嫌は自分で整える

すぐに気持ちをリセットできる自分だけの習慣を持つ

▼オリジナルの習慣でいい状態をキープする

毎日を機嫌良く過ごすためには、意外と毎日の小さな習慣が役に立ちます。あるアメリカの軍隊の元幹部が書いた本に、気分良く過ごすには、朝起きてベッドを整頓すること、と書いてありました。一日のスタートに小さな達成感を得ることが、その日を充実させる呼び水になるのだとか。夜に疲れて帰ってきても、ベッドが美しく整っていると、ほっとして、気持ちがリセットされる効果もありそうです。

私の場合は、お風呂で気持ちをリセットしています。疲れていると、ついシャワーだけで済ませがちですが、たとえ夜遅く帰ってきても、あえてゆっくりお風呂に入るのです。

そのときの気分に応じて、お気に入りの入浴剤や、水素風呂の素を入れたりします。そして湯船に浸かりながら、目を閉じ、余計なことを考えずに「いまここ」に集中するのです。気持ちがあちこち飛んでしまうときには、ゆったり深呼吸します。

そして、眠りにつく前に、「今日もいい日でした。ありがとうございます」と寝室にある神棚に向かって言うようにしています。

こんなふうに、「ありがとう」という言葉で一日を締めくくると、翌朝の目覚めもいい気がするのです。

専門家から、「夜眠りにつく前に思ったことは、潜在意識の中に深く入り込む」という話を聞いてから、私は眠る前にはかならずポジティブな言葉をつぶやくようにしています。嫌なことがあった日でも、「あれはあれでよかったのだ」と振り返るようにしています。

機嫌良く過ごしたいと思うなら、なんでもいいので、自分にとって苦ではない習慣を身につけましょう。それだけで、心が整いやすくなりますよ。

Rule

14 「ムッと」したときこそ感情を伝える

「むかつく」数秒前に感じていた自分の本心を探してみよう

▼こちらの要望を相手にわかるように伝える

人と接していて、思わずムッとしてしまうことはありませんか？　嫌味を言われる、苦労してセッティングした会の参加を直前でキャンセルされる、自分のせいではないことで叱られる……。

でも、そのまま感情を顔に出すと、幼く、子どもっぽいと思われてしまいます。とくに、冷静さが求められる仕事の場面では、感情的になった分だけ、その後の人間関係や仕事にも影響を与えてしまうものです。相手が取引先の場合はとくにそうです。

では、そのまま感情を抑えていればいいのでしょうか？　それもちょっと違います。

私自身もいろいろな人や企業と仕事をご一緒しますが、依頼を受けた研修で、直前に人数の大幅変更が起きたり、時間の伝達ミス、日程変更やキャンセルなどがあったりします。そんなときは一瞬、「なぜ、いまさら?」とムッとするものの、それをそのまま相手にぶつけることはしません。ですが、ひと呼吸置いて、こう伝えます。

「本来お引き受けした条件で準備をすすめていますので、直前の変更はさすがに戸惑います。せめて1カ月前にご相談いただければ、スムーズに対応できたかと思います」

「ここは□□のようにしてほしいと聞いていたので準備していました。それが必要なくなったのは、とても残念です。次回からは事前に漏れのないよう確認してご依頼いただけないでしょうか」

ケンカ腰になって相手を責めるのではなく、どうしてほしいのか、どうしてほしかったのか、こちらの要望を、相手にわかってもらえるように伝えるのです。

実際に、メールだけでは真意が伝わらなかったり、誤解されそうだと心配なときは、電話でもお伝えしています。

ただムッとした顔をするだけでは伝わりませんし、その場の雰囲気を悪くしてしまうだけ。感情「で」伝えるのではなく、感情「を」伝えましょう。

これは仕事に限った話ではありません。

たとえば、プライベートのささいな場面で相手の言葉に嫌な気持ちになったら、「いま、傷ついたな〜」「それはあまり言われたくない言葉です」と、あなたがいったいどんな気持ちになったのかを言葉にして伝えましょう。

▼怒りは二次感情

また、怒りのしくみを理解すると、気持ちを言葉で伝えやすくなります。

怒りは二次感情といわれています。

「悲しい」「寂しい」「不安」「心配」「つらい」というネガティブな感情を一次感情といい、それらが満たされないと、あふれて怒りになる、というしくみです。

怒りはエネルギーが強い分、カッとなったときに一次感情にまで目を向けられず、怒りの感情だけが表に出てしまうことがあります。

たとえば、「街や電車で行列に割り込まれてムッとした」「自分が主催した食事会を直前でキャンセルされて腹が立った」「恋人からメールの返信が来なくてイライラした」「恋人や夫に、他の女性と比べられるような発言をされてムッとした」といった怒りの感情は二次感情です。

カッとしたときは、ただ怒って終わりにするのではなく、それぞれの怒りの裏側にどんな気持ちが潜んでいるのか、目を向けてみましょう。そして「順番を守っていたのに無視されてがっかりした」「約束を何度も破られると悲しい」「しばらく返信がなくて心配だった」「自分がないがしろにされているようで寂しい」など、本来わかってほしいと願っていた感情を言葉にして伝えるようにしてください。

言葉にしなければ、他人に思いは伝わりませんし、こちらもストレスがたまります。大人の女性は、気持ちを上手に言葉にする習慣を身につけたいものです。

Rule 15

やる気が出ない自分を責めない

無理に自分にはっぱをかけるより休んだほうがいいときも

▼たまには休み、自分を振り返る

「やらなければいけないことはわかっているのだけど、エンジンがかからない」「スランプかも」「やる気が湧かないなぁ……」

こんなふうに思うことはありませんか？

これは、働いていれば、誰にでもあることです。人間ですから、やる気がわかないこともありますよね。

そんなときには、思いきって小休止をとるのが一番。

やる気がない自分を責めたり、無理やりモチベーションを上げようとする必要はありません。やる気が湧かないのは、心身共に疲れていることが原因であることも少なくないからです。

私の場合は、「次の週末には温泉に行こう！」とほんの少し先の休日の計画を立てて、宿を予約してしまいます。行きたい場所に気持ちを移して、そこでゆったり過ごしているところを想像するのです。先の楽しみな予定に気持ちを向けていると、次第に気力が湧いてきます。

気分転換できることをするのもおすすめです。睡眠をたっぷりとったり、マッサージに行ったりして物理的に身体を休めたり、好きな香りに浸ったり、音楽を聴いたり、朝日を浴びたり、ペットと遊んだり……。リラックスできることなら、どんなことでもかまいません。

やる気が湧かないときには「休もうというサインなんだ」と思って、やらなければならないことを休み、気分転換できたときに取り組めばいいのです。

また、仕事へのモチベーションを高めるために、「この仕事は何のためにしているのか？」「これを達成した先には何があるのか？」を振り返ってみましょう。

「自分がしている仕事は、人から必要とされ、役に立つ仕事なのだ」と時折自分を鼓舞することで、自然とやる気も湧いてくるはずです。

Rule

16 怒りを感じたら6秒待って

「面倒くさい女」にならないための上手なコントロールと伝え方

▼あなたの意見は「感情の爆発」や愚痴になっていないか？

怒りを感じたとき、「我慢できない！」と思うのは誰にもあること。とはいえ、怒りを爆発させてしまう女性は、一気に周囲から信頼を失ってしまいます。

とくに仕事に限っていうと、個別面談で女性の部下が怒りを爆発させて困った、という話を上司側から聞くことがあります。

「なんで私ばかりがいつも担当する業務が多いんですか！　○○さんと比べて不公平じゃないですか！　上司なんだから、ちゃんと職場の状況を見てください！」

「私がどれだけやっているかわかっていますか!?　わかっていないですよね！」

一方的に女性の部下から感情的に詰め寄られたというのです。

さらに、女性の部下や同僚が感情的に愚痴を言ってくることにどう対応したらいいかわからない、という類のものもよくあります。

「ちょっと聞いてください！　あの人、人が見てないところでは全然仕事しないんですよ！　私ばっかりが……」

「○○というクライアントが理不尽なことばかり言ってくるんです！　この前なんて１時間も電話でいろいろと言われて、ほんとに嫌なんです！」

女性にとっては相談や要求のつもりでも、男性にしてみれば、こういう言い方は、「愚痴をぶつけられた」「感情的に責められている」と感じるということです。

女性の場合、「○○という現状だから、□□してほしい」という事実や要望を明確に伝えるというよりも、「私がどんな気持ちになっているかをわかってほしい！　聞いてほしい！」という思いが先行してしまうことが多いようです。

だからこそ男性は、「感情を押しつけてくる」「責められている」「結局どうすればいいのかわからない」と感じてしまうのです。

多くの場合、女性は男性よりも共感を重視し、人の気持ちに配慮するのが得意とされています。

自分の感情にも共感してほしいという欲求が男性以上に強い分、つい感情が前面に出てしまう女性が多いのでしょう。

ですから、残念なことに「女性は男性よりも感情的」というレッテルを貼られてしまうのです。

そして感情的なふるまいが目立つと、「面倒くさい女」として扱われるようになって、「この人に大事な仕事を任せて、冷静な判断ができるだろうか?」と上司からの信頼も得にくくなっていくのです。

▼怒りのピークをやり過ごす方法とは

世間一般の思い込みにすぎないけれど、感情的になると「ヒステリック」だと言われるのは女性ばかり。

なんとも納得しがたいことですが、そういったレッテルを貼られないよう、ぜひとも上手な怒りの扱い方を覚えてほしいのです。

じつは、怒りのピークは６秒といわれています。

怒りに任せた行動をしないためには、この６秒間をやり過ごすようにすることです。

もっともカンタンなものに、深呼吸があります。

カチンときたら、鼻からゆっくり息を吸って、口からゆったり息を吐き出します。

これをするだけであっという間に６秒経ち、すーっと気持ちが落ち着きます。

その他おすすめなのは、怒りに点数をつけるという方法です。

ムカッとくることがあったら、「いまの怒りは10点中６点」などと心のなかで点数を思い浮かべてみましょう。

点数をつけることに意識が向くので、冷静になれます。

また、「６点か。けっこう怒っているな、私。じゃあ意見だけは伝えておこう」と自分の状況が客観的にわかることで、どう対応すればいいかも見えてきます。

怒りを無理に抑える必要はないのですが、スマートな女性は、怒りの扱い方を知っています。カチンときたら、ぜひ試してみてください。

Rule

17

「妬む」「うらやむ」自分を受け入れる

嫉妬の素を自分が大きくなる糧にしよう

▼無理に感情を抑えず自分に勇気づけを

身近な人が評価されていたり、いい思いをしているのを見るとひがんでしまう。どうしても嫉妬心が湧いてしまう。そして、そんなふうに人を妬《ねた》んでいる自分が醜く見えてくる……。これはいろいろな女性から受ける相談です。

もし誰かに対して嫉妬心が湧いてきたら、どうすればいいのでしょうか。

第一には、嫉妬の気持ちをねちねちと感じている自分を認めてしまうことです。なかったことにしようとしても、おさまるものではありません。

湧いてくる気持ちを感じた後、相手を冷静に観察してみてください。

「この人はどうしてひいきされているのだろう」「いい思いをしている要因や理由は

何?」と見ていけば、何かかならずその人が評価される理由が見つかるはずです。

知人からこんな話を聞いたことがあります。その人の会社に、とび抜けてすごい提案をしているわけではないのに意見が通りやすい女性がいたそうです。「どうしてなんだろう」と思って観察していたら、普段からとてもにこやかで、周囲に気持ちよくあいさつしていたり、「〇〇さんのお仕事を拝見しました。□□が斬新だと思いました」と、まわりの人の仕事ぶりや、頑張っていることに声をかけていたりと、一緒に仕事をする人たちとのコミュニケーションを、いつも良好に保っていることがわかったといいます。

評価されている人には、理由があります。「悔しいな」と思うかもしれませんが、自分にも取り入れられると思ったことは、どんどん試してみたほうがいでしょう。

また、こんなときこそ自分自身を勇気づけることも必要です。

他人と比べてばかりではなく、自分の良いところや、頑張っていることを書き出して、「私も頑張っている。大丈夫」と認めてあげてください。

続けていると、少しずつ他人のことが気にならなくなってきますよ。

Rule

18 他人の嫉妬にいちいち反応しない

嫉妬の泥だんごが届かない場所まで飛躍する

▼相手に対してできることはないと割り切る

陰で悪口を言われたり、足をひっぱるような行為をされたとき、あなたはどう対処していますか？　どうしたって、「なんで私がこんなことを言われなくちゃいけないのだろう……」と考えて沈み込んでしまいますね。

なんとかできないものか右往左往することもあるでしょう。私も、あまりにも露骨に嫉妬心を向けられたとき、「何かしてしまっただろうか」と悩んでしまったことがありました。

でも、残念ながら嫉妬している相手に対してできることは何もありません。

なぜなら、これは嫉妬している人の問題だからです。あなたが何かをしたからといって、どうなるものでもないのです。

嫉妬してくる相手は、あなたのことが妬《ねた》ましく、うらやましいから嫉妬をするのです。自分ができていないことをしているから、自分が手にしていないものを手に入れているから気に入らないのです。その感情は、あなたにはコントロールできないものだと割り切ってしまいましょう。


こちらにできることは、相手の嫉妬に巻き込まれないことだけです。

そして、嫉妬という泥だんごを投げてくる相手が届かないようなところに行ってしまうことです。わざわざ相手にして、相手の投げた泥だんごが届くような距離まで近づくことはありません。

相手にせず、戦わず、相手の手が届かないところまで飛躍することに意識を向けて行動すればいいのです。

あなたに届かなかった泥だんごは、嫉妬をした本人のまわりに落ちて、その人の周囲が泥だらけになるだけ。そう考えるようにしましょう。

Rule

19 ささくれだった気持ちは4マスで整理する

「重要？」「コントロール可？」を自分に問いかけて

▼「怒り」に罪悪感を感じるのをいったんやめにする

職場で上司が高圧的に関わってきたり、指導している後輩（部下）が同じミスを繰り返したり、取引先が理不尽な要求をしてきたり……。普通に仕事をしていても、何かとイライラすることはあるはずです。

もちろん、職場だけでなく家庭でもイライラの種はありますね。「休日なのに出かけないの？」と言われたり、疲れて帰ったのに「ごはんはまだ？」と急かされたり……。きっとあなたにも、何気ないひと言にイラッとした覚えがあることでしょう。

イライラしたり、怒りを感じること自体は、決して悪いことではありません。かといって、ただカッカカッカとしていても、何も解決しません。

こんなときには、イライラすることに罪悪感を感じることはいったんやめにして、湧いてきた感情の整理をおすすめします。

何について怒りを感じているのか、こんなにイライラするのは、本当はどうしたいからなのか。そして、その状況は自分の力で変えられるのか、変えられないのかを書き出して、振り分けてみるのです。

たとえば、上司が高圧的な言い方をしてきたときには、まず、自分が接し方を変えることで、その上司の言い方がやわらぐのかを考えましょう。

「この資料、なんでもっとわかりやすくしないんだよ！　もっと頭使えよ！　バカじゃないのか！」と高圧的に怒鳴られたなら、「アドバイスありがとうございます。データを入れて仕上げます。ただ、申し訳ないのですが、バカじゃないのかとまで言われると傷つきます」と返してみましょう。家族に対しても「私もお休みの日は遊びに行きたいけど、今週はちょっと忙しくて疲れちゃった」と言ってみましょう。

それで通じたなら、この先も言葉には気をつけながら、気持ちを伝えてＯＫです。

でも、もし言っても通じなかった場合、私なら「この人はこういう性格なんだな」と割り切ってしまいます。

相手を変えようとすると、どんどんストレスがたまるだけだからです。相手をどうこうしようとするのではなく、上司がもっと大きな怒りをぶつけてこないように対策を考えたほうが得策です。

たとえば、怒りをぶつけられたら、なるべく早くその場を離れたり、「電話しなければいけないので」と言って中座したり、言われたことを真に受けないようにするなど、いくつかの方法をピックアップしておくといいでしょう。

イライラしたら、この流れで物事を振り分けてみるのがおすすめです。

自分で変えられることなのか、変えられないことなのかを次のような表を使って振り分けてみてください。

変えられることなら、そのための行動をする。

変えられないことなら、必要以上の怒りにならないよう何ができるかを考えて動く。

イライラする事柄を振り分けるクセがつけられると、起こった出来事に冷静に対処できるようになってきます。大人の女性には、ぜひ身につけてほしい考え方です。

コントロール可・重要	コントロール不可・重要
例 ・後輩のお客様へ言葉遣いが悪い ・家族が勝手に自分の部屋に入ってくる ●いますぐできる行動をする ●状況が、いつまでに、どの程度変わったら気が済むのかを決める ●それを実現するために、どう行動するか計画を立てる	例 ・上司が高圧的なものの言い方をする ・付き合っている彼がいつも待ち合わせに遅れてくる ●変えられない現実を受け入れる ●いま、自分ができる建設的な行動を探す
コントロール可・重要ではない	**コントロール不可・重要ではない**
例 ・オフィスの机の上が整理できていない ・体重が２キロ増えた ●余力があるときにすればいい ●状況が、いつまでに、どの程度変わったら気が済むのかを決める ●それを実現するために、どう行動するか計画を立てる	例 ・毎日の満員電車 ・友人が自慢話ばかりしてくる ●気にすることはない、放っておく

※自分の行動で現状をコントロールできるか、できないかを見極めることや、それらをどのブロックに分類するかは自分で決めること。

Rule

20

沈んだ気持ちを自分で手当てする

無理やり頑張らず、「幸せ体質」になる

▼ハッピーログでうれしかったことを記録する

人の気持ちや気分には、バイオリズムのように、浮き沈みがあります。

いい気分で、何事にもやる気充分で取り組むことができるときもあれば、反対に、なんだか気乗りしなかったり、やっていることを虚しく感じたり、何が原因かはわからないけれど、寂しいと思ってしまうこともあるはずです。

気持ちが負の状態のときに、友人の幸せそうな様子を見聞きすると、自分と比べて余計に落ち込んでしまうこともありますね。

そんなとき、試しにぜひ取り組んでみてほしいのが、「ハッピーログ」です。

「ハッピーログ」とは、その日あったうれしかったことやうまくいったことを記録する

というものです。
・得意先から「ありがとう」とお礼を言われた
・久しぶりに会う友人と食べたディナーがおいしかった
・新色のリップを買った
・朝飲んだカフェオレがおいしかった
・天気が良くて気持ちがいい

など。ハッピーログをつけることで、「ささいなことでもプラスのほうに目が向くようになった」「意外といいことがあるなと思えるようになった」という人が大勢います。

いつも無理に気合いを入れようとしたり、「寂しく感じてはいけない」と思ったりしなくてもよいのです。

最近では、「おひとりさま」という言葉が当たり前になったように、以前よりもひとりで過ごすことに対してネガティブなイメージがなくなってきました。

ひとりでお茶やランチをするだけでなく、いまや、夕食までもおひとりさまを楽しむ時代です。私の友人にも、ひとりでカウンターのお寿司、鉄板焼き、フレンチフルコースを楽しむ人がいます。じつは私も、鉄板焼き以外は経験があります。フランス料理のときは、ていねいに料理の説明をしていただき、スタッフの方とのコミュニケーションも楽しめました。少し考えごとをしながら自分のペースで食事をしたいと思うときに、「おひとりさま」を楽しんでいます。

▼自分の選択に自分で責任を持つ

私が20代の頃は（四半世紀前）、結婚の時期がクリスマスケーキにたとえられたものです。12月25日までが売れ時、つまり25歳までが結婚適齢期で、それを過ぎたら売れ残りのような扱いを受ける……。

でも、結婚適齢期は人それぞれ違います。さらに、いまでは結婚をしないという選択もしやすくなったように感じます。結婚しないことで、時間やお金をどう使い、どう過ごすのか、自由に決めることができるのです。

結婚しない選択をしたら、「老後が心細い」と感じたり、「もしも病気になったり、仕事がなくなったらどうしよう」という不安も増えます。でもそれは、結婚しないと選択した自分の責任です。結婚したとしても、引き受ける責任はいくつもあります。子どもが未成年のときには、親として育てる義務が生じます。家族を養い、面倒をみることや、お互いの家族の面倒をみることも役割のひとつです。

結局は、結婚してもしなくても、自分の選択に責任を持てるかどうかが大切なのです。いまがどんな状況であっても、気分の浮き沈みは誰にでもあるもの。

家でうじうじするより、外に出かける。好きな香りの入浴剤を使って時間をかけてお風呂に入る。ゴルフの打ちっぱなしに行ってストレスを発散してみる。マッサージを受けて身体をラクにする……。自宅で映画を観て思い切り泣くのもいいでしょう。

私も、なんとなく寂しいときは、心許せる友人に連絡をとって話を聞いてもらったりすることもあります。

人それぞれ、何が気分転換になるのかは違うので、あなたなりの気分転換メニューを用意しておくといいですね。30分でできること、1時間でできること、半日や1日でできること……というようにです。

感情の波は誰にでもあるもの。私のまわりにいるいつも機嫌良く見える人は、皆気分転換するのが上手です。無理に抑えず、発散する方法を見つけましょう。

Rule
21
「悲しみ」に無理にフタをしない
ときには人の目を気にせず涙を流して

▼湧いてきた感情を認めてどっぷり浸る

何か大切なものを失ったり、失恋したり、誰かに傷つくことをされたりと、言いようもない悲しい気持ちが湧いてくるとき、大人の女性はどう対応したらいいでしょうか。

まず、寂しい気持ちになるときと同様、悲しい気持ちになるのは仕方のないことなので、無理に抑える必要はありません。とくに、大切な人が亡くなってしまったときや失恋してしまったときは、湧きあがる感情をとめることなどできないはずです。

悲しい、寂しい、つらいといった気持ちは、うれしい、楽しいという気持ちと同じくらい、重要な感情です。見逃していると、心のなかにぽっかり穴が空いたままになってしまい、どこかでまた悲しさがあふれてしまうことにもなります。ですから、湧いてきた感情を認めて、ときにはどっぷり悲しみに浸ってみてもいいのです。

私自身がこの数年で一番悲しかったのは、母が他界したことでした。どうしようもなく悲しくて、涙がとまりませんでした。

でも、亡くなった翌日には研修に登壇しなければならない状況……。個人的な理由でキャンセルするわけにはいかないので、講師としての役割を果たすことにしました。研修の最中は悲しいという気持ちを封印し、何事もなかったかのように笑顔で対応したのですが、無事に終えたとき、抑えていた悲しみが一気にあふれ出して、涙がとまらなかったことを思い出します。

そのときは気が済むまで泣きました。

感情は整理したり、コントロールしたりできるものです。でも、本当に悲しいときには、無理をして抑え込む必要はないと思うのです。

▼かっこ悪くて泣けない人はひとりでこっそり涙しよう

「しっかり者だから泣けない」「泣くのはかっこ悪い」という人は、こっそりでもいいので、自分の悲しい気持ちを素直に認めて、ひとりで涙を流す時間を持ちましょう。

私も普段はしっかり者で通っているのですが、家族や心許せる友人の前では、わーわーと泣いてしまうことがあります。

ここ数年でいえば、母が余命宣告をされたとき、亡くなったとき、かわいがっているオカメインコのピーちゃんが逃げたときなど……。

そういうときは、自分が他の人からどう見えるかなんてどうでもいいのです。

もちろん、「ここで泣いたら他の方に迷惑をかける、心配をかけてしまう」と思って泣けないときがあるかもしれません。そんなときは、後で泣いてもいいのです。

私も、かつてけい留流産の宣告をされたときは、「診察室では泣けない。泣きながら病室を出ることもできない」ととっさに考え、涙を我慢したことがありました。

診察室や病院内では涙を流せませんでしたが、後で夫に電話をしながら涙があふれてきました。

あふれる悲しみが抑えきれずに泣くことに対して、人は「おかしい」と思ったり、「みっともない」と感じたりはしません。

また、涙を流すと副交感神経が働くといわれています。

ひとりのときにでも、我慢せずに涙を流しましょう。

▼自己防衛の涙は自分もまわりも幸せにはしない

ただし、とくに仕事の場面で叱られたときや、失敗したときに見せる涙は、相手や周囲を戸惑わせるので、おすすめできません。

相手に泣かれると、叱った側が悪者になったような気分になるからです。叱る側はそれ以上のことを言いづらくなってしまいますし、泣く側も、「泣いてごまかす人」というレッテルを貼られてしまいます。

こういった自己防衛のための涙は、ずるくて卑怯なもの。残念ではありますが、そういう人には心から信頼して仕事を任せることができなくなってしまいます。

思ったように結果が出せないことが悔しくてつい泣いてしまったり、相手に迷惑をかけてしまったことが情けなくて、こらえながらも泣いてしまう、というならまだ許容範囲ですが、自己防衛の涙は、自分もまわりも幸せにしません。

column
コラム

嫌われても言うべきことは言う

人に好かれ、いい関係を築きたい――。当然、誰もが思うことでしょう。

ですが、自分が世の中の全員を好きでないのと同様に、あなたが世の中の誰からも好かれることは無理なことなのです。

それなのに、いざ人と向かい合うと、相手の顔色をうかがい、波風を立てないよう「いい人」を演じてはいないでしょうか。


たとえば、誰かと意見や主張が違うと思ったとき、「そうですよね～」と相手に合わせるだけで、自分の意見を言わない人がいます。それは、自分の意見を言ったらどう思われるか、相手とぶつかると悪く思われるのではないかと不安になるからでしょう。

もちろん、自分と違う意見にも理解を示し、共感しながら耳を傾けることは大切ですが、自分の意見や主張を持たずにいつも「相手基準」で行動し、その場、その相手に合わせた対応が続くと、誰にでもいい顔をする、「ただの八方美人」と言われかねません。

「いい人＝信頼できる人」ではないのです。信頼できる人とは、相手のことも尊重しながら、自分の意見や主張を言える人、つまり、まわりのことも考えながらも「自分はどう思うのか、どうしたいのか」と、「自分軸」を持つことができる人のことです。

相手の意見に対して、「○○と思っているのですね」と受けとめ、意見がぶつかったときも、自分の意見を押し通したり、相手をねじ伏せたりせず、「私は○○という理由で、□□と考えていますが、いかがですか？」と自分の意見も伝え、話し合おうとする姿勢を見せるということです。

また、ある役割に求められ、責任を果たすとき、ときには厳しいこと、相手にとっては耳の痛いことを伝えなければならないときがあります。

場合によっては相手からの反発を引き受ける覚悟も必要です。

本当に信頼を得たいなら、そろそろ「いい人」を演じることをやめてみませんか。

第3章

人間関係にわずらわされない10のルール

Rule
22

一緒にいると疲れる人とうまくやる

「大事なものが違う人」とちょうどいい距離感で付き合う

▼お互いの違いを認め耳を傾けてみる

「この人とは、なんとなくウマが合わない。接していると、なんだか気が休まらない」
そんな人に遭遇することはありませんか？

ウマが合わない原因のひとつに、その相手と自分との価値観の違いが挙げられます。
でも、考えてもみてください。顔が違うように価値観は人それぞれ。ぴたりと一致する人に出会うことのほうが、珍しいでしょう。

では、それぞれに「○○すべき」「○○であるべき」という価値観を持っているなかで、どのように歩み寄っていけばよいのでしょうか。

あなたは、違う「べき」を持つ同士がうまくやっていくときにまず大切なことは何だと思いますか？

それは、自分の「べき」が絶対に正しいわけでもなく、必ずしも正義でもないと知ることです。

あなたがそうであるように、あなた以外の人にも、それぞれここまで生きてきたなかで信じ、大事にしている「べき」があるのです。

どちらが正しいのかにこだわるのではなく、「そういう価値観もある」と思うようになると、少しばかり気が楽になるのではないでしょうか。


たとえば、正直にいうと、「働く母」であった私にとって、

「母親は子育てに専念すべき」

「夜の外出はすべきではない」

「子どもの宿題の範囲は親が知っておくべき」

「大学説明会にも親がついていくべき」

という「べき」を持つ専業主婦の友人の価値観はなかなか受け入れがたいものでした。

でも、その友人たちが大事に思っていることや、その内容自体は「悪い」わけではありません。

そんなとき、友人が自分の価値観の通りに、子育てに専念したり、夜は家で子どもと共に過ごしたり、子どもの学習についてもていねいに把握したりと、それを理想だと口にしているうちはよしとします。

ですが、もしも相手がその価値観を押し付けてきたら、「私には私の考えがあってしているることなので、それ以上は言わないで」と言えばいいのです。

そうやって、お互いの違いを認め、お互いの価値観を形づくった事情にも耳を傾けるのです。そうすることで、一見ウマが合わないと思っている人との距離も、意外と縮まるかもしれません。

▼はじめから「ウマが合わない」と決めつけない

そういう私にも、以前、なんとなく合わないかもしれないと、苦手に感じた人がいます。表情が固くてリアクションも薄く、何を考えているのかわからないのです。

仕事で同席するたびに「この人は何を考えているんだろう……。」複数のメンバーと一緒にいても、まったく話さないし、もっと場の空気を読んでほしいのだけど……」と少し不満もたまったものです。ところが、あるとき一対一で話してみると、ただ人見知りをしているだけで、仕事に対して真摯に向き合う誠実な人だとわかりました。

人は、話してみなければわからないもの。はじめから「ウマが合わない」と決めつけて距離を置いてしまうと、素敵な出会いを逃すことにもなりかねません。まずは話しかけてみる。興味を持ってみる。

「もしかしたらいい人かも。話が合う人かもしれない」

そう思って接したほうが、人間関係の世界はぐっと広がります。

▼環境が変われば価値観も変わる

また、かつて仲が良かった相手でも、それぞれの人生の過ごし方が変わったことで価値観が合わなくなっていくことがあるものです。

たとえば、学生時代の友人。女性の場合、未婚と既婚、外で仕事をしている人と家庭で主婦業に専念している人、子どもがいる人といない人との間では、とくにその傾向が顕著ではないでしょうか。生活のリズムだけでなく、大切にしているものの優先順位、付き合う人、話題や時間の使い方まで変わってきます。

独身の人が、子育て中の友人から「いいわよね。独身で自分の好きなことに時間やお金を使えて。悠々自適よね」と言われてムッとしたり、子育て中の人が、独身の友人から「働かずに暮らせていいよね」と言ってうらやまれたり……。どちらの立場でも、言葉に含まれる小さなトゲにイラッとしたり、傷ついたりしますよね。

こんなふうに異なる意見がぶつかり合いそうなときには、無理して合わせる必要はありません。無理して付き合うと、ストレスがたまって、しまいには嫌いになってしまう可能性もあるからです。それはただの相手の価値観であって、世間一般のものではない、と割り切ればいいのです。

▼余計なお世話は聞き流す

また、外野の立場から、よかれと思って〝余計なお世話〟を焼いてくる人たちがいますが、どうしても許せないこと以外は受け流すようにすると、自分も楽になりますよ。

「なんだか合わないな。一緒に過ごすのが苦痛だな」と感じはじめたら、適度な距離をとることをおすすめします。たとえば、誘われたら「ちょっと時間が合わなくて」と断り、3回に1回参加するぐらいにとどめてみる。気分が乗らない時期には、しばらく会わないことにする。それくらいの距離感でいいと思います。

「いまは生活パターンが違うから仕方がないよね。またいつか合う時期もきたりするかも」というぐらいの気持ちでいたほうが、お互いに軽やかに付き合えます。

どんなときもずーっと仲良しでいられることのほうが、むしろ珍しいものです。

また、環境が変わったとき、昔のように話に花が咲くというのも、よくあることです。気に病む必要はありません。ちょうどいい距離をとりましょう。

Rule

23 マウンティングに応酬しない

相手の承認欲求を認めつつ同じ土俵で戦わない

▼その発言の裏にあるのはただの嫉妬

あなたのまわりに勝手に格付けして、自分のほうが優位だと言葉や態度でアピールしてくる人はいませんか？　そう。いわゆる、「マウンティング」です。

男性も自分の力を誇示したがる傾向はありますが、どうだとばかりに優位性をアピールしてくるから、わかりやすいケースが多いようです。それに比べると女性の場合は、一見わからないようにほめ言葉やねぎらいのオブラートにくるみつつしかけてくる分、陰湿かもしれません。

そんな人に遭遇したとき、あなたはどう対応しますか？

息子が幼稚園に通っている頃、専業主婦のママ友から、こんなことを言われたことがありました。

「お仕事、頑張っていて忙しそうね。子どもが小さいうちからそんなに働かなくてはいけないなんて、大変ね〜。生活が苦しいのかしら」

はじめて言われたときには一瞬ムッとしました。

でも、よくよく相手を観察していると、心ない言葉の裏には、どうも複雑な心情が見え隠れしていることがわかってきました。

たとえば、「自分は仕事ができない」という思いからくる嫉妬や、自分に自信がないという不安、相手のことがうらやましいけれど、それを認めてしまったら、なんだか負けた気がするという思いがあり、それゆえに、自由に働いている私に対してマウンティングをしかけているにすぎなかったのです。

▼あちこちに潜むマウンティング

マウンティングする人は、「この人になら勝てる」と思う相手に、「私のほうが上だ」とアピールすることで、優越感に浸ります。

その方法にはいろいろな種類があります。

たとえば、「また海外旅行に行くの？　いいわね〜。私なんて仕事で大事なプロジェクトを任されているでしょ。だからそんなに長い休みなんてとれなくて……」と嫌味っぽく言うタイプ。これは仕事をしていると誰でも一度や二度、経験があるはずですね。

一見わかりづらいのですが、相手が求めていないのに上から目線で余計なアドバイスをすることも、マウンティングに該当します。

「おしゃれレイプ」という言葉をご存じですか？

これは、自分のおしゃれを押しつけることで、相手より自分が上だとアピールする状況のことをいいます。おしゃれレイプをする人は、「○○さん、そんなモサっとした服ばかり着ていないで、たまにはファッション誌を見て流行を取り入れたほうがいいわよ。メイクや髪型もちょっとパッとしないわ〜」といった言い方をしてきます。あなたのまわりにも、こんな言い方をする人が潜んでいませんか？

▼相手の承認欲求を満たす言葉を返してみる

いろいろと面倒ではありますが、マウンティングされても相手にする必要はありません。「あ、いまされた？」と思ったら、「いちいち気にするのは時間のムダ」ととらえるようにしましょう。そこでムッとしたり、落ち込んだりしたら、相手はもっと強く出てくる可能性があります。

私自身も冒頭に紹介したママ友から余計なことを言われたときには、「生活が苦しい？そんなわけないでしょ。いいわね～、専業主婦はいつもヒマそうで」と言い返したいのをぐっとこらえて、「そういうわけじゃないのよ」とさらりとかわし、「そうそう、〇〇さんはいつもおしゃれね～」と、相手の自尊心を満たすようなことに話題を変えていました。それからは、おさまっていったように思います。もちろん、さらっとそう言えるまでには私自身、訓練が必要だったのはいうまでもありませんが……。

優位に立ちたいという相手には、その欲求を満たすためのメッセージを伝えましょう。おだてるというよりも、相手が承認してほしいと思っているところを伝え、攻撃を受けないように防御するのです。

ムッとしたり、やり返すほうが面倒です。同じ土俵に立たないほうがいいでしょう。マウンティングされたときに戦わないのが、賢い女性のふるまい方です。

Rule

24 仕事以外の時間は素の自分でいられる相手と過ごす

その相手には毒も弱音も吐けますか？

▼〝すっぴん〟をさらけ出せる相手の条件

仕事では、多かれ少なかれ、どうしても気が張るものです。緩んではいられませんし、顔も心も〝すっぴん〟ではいられません。

だからこそ、食事や旅行、趣味の時間、買物など、仕事以外の時間を一緒に過ごす相手は、気の置けない、本音でなんでも語れる人がいいですね。

もちろん、親しい間柄でも、お互いに気持ち良く過ごすには、相手に対する配慮が欠かせませんが、いつも気を遣うのは疲れます。「こんなこと言ったら、こんなことをしたらどう思われるだろう？」「いま、この人は楽しんでくれているだろうか」などといちいち考えなくてもいいような人とともに過ごしたいもの。たとえば、こんな相手なら、素のままの自分をさらけ出せるのではないでしょうか。

・何を話題にするか気を遣わない
・毒を吐いても、弱音を吐いても許される
・場の途中でも、「明日、朝が早いから」と途中で失礼すると言える
・マウンティングし合うことはない
・お互いのことを尊敬し、頑張ったことを勇気づけられる

大人の女性ほど、余暇の過ごし方は重要です。自由になる時間を、誰とどんなふうに過ごすのかによって、幸せ度が変わってくるからです。とくに多忙でストレスがたまりやすい環境に身を置いているなら、気持ちの良い状態で仕事をするためにも、意識的にリフレッシュできる時間を持ったほうがいいでしょう。

私の場合、趣味のゴルフや旅行を共にするメンバーは、だいたいいつも決まっています。その共通点は、精神的に自立していること。「今回は○○さんは仕事が忙しそうだから私が手配するね」というように、その都度、動ける人が代わる代わる手配しますか

ら、一方的に人任せにする人はいません。

金銭感覚が同じ相手であることも重要でしょう。選ぶレストランやホテルなどの好みが自然と一致していて、気を遣わなくてすむからです。

食べるペース、歩くペースが似ている相手のほうが、過ごしやすいかもしれませんね。

ちなみに私の場合、日々忙しい分、家族との時間も大切にしています。

誕生日には、家族と一緒にお祝いの食事をしています。土日に仕事の予定が入っていることも多いので、せめて年末年始や夏休みは、毎年早くから夫と予定を合わせて、旅行の計画を立てています。

▼疲れないお付き合いとは

仕事ではないけれど、かといって完全にプライベートともいえないお付き合いはどうでしょう? たとえば、仕事で知り合った人に誘われた飲み会、食事会、勉強会や交流会など……。そういう場合は、参加する、しないは、まずは自分の気が向くかどうかで決めましょう。自分の気持ちに正直になるのです。

気乗りのしない付き合いほど、ストレスになることはありません。

実際に、私自身も、有意義な時間になりそうだと思うならば参加しますが、そう感じなければお断りします。

かつては、多くの人と知り合うことが楽しいと思った時期もありましたが、いまは時間は有限だととらえ、誰と、どう時間を使うかを意識するようになりました。

もちろん誘ってくれたのが友人の場合でも、予定が詰まっている時期や、大勢の集まりだと疲れてしまいそうなときは、お断りをすることがあります。

「行かないほうがよかったかな」という後悔が重なると、その付き合い自体が嫌になってしまうので、無理は禁物です。

参加しないときは、まず「誘ってくれてありがとう（ございます）」とお礼を伝えた上で、なぜ参加できないかを伝えましょう。言い訳のように思われてしまうので、くどい理由はいりません。「他に予定があって」「仕事で行けないんです」「前後の予定が立て込んでいるから、その日はゆっくりしようかと思って」「あまり興味がないテーマの勉強会だから」くらいでかまいません。

断るときこそ失礼のないようにする。相手に不快感を与えないだけで、いい関係は築けるのです。

Rule

25 他人の感情の嵐を上手にかわす

まともに受けず、さらっと流す、切り返す

▼身近であるほど遠慮がなくなる

日々暮らしていると、家族や他人から八つ当たりされてイラッとすることもあるのではないでしょうか。

もっとも、身近であればあるほど甘えが形を変えて遠慮なしに感情をぶつけてしまいがちですから、家族の場合は、お互いさまかもしれません。

そうわかっていても、私自身もついつい、イライラしているときに、テレビを見ている夫や息子に対して「音がうるさいから静かにして!」とキツく言ってしまったり、忙しくて余裕がないときには、「忙しいんだから、これくらい手伝ってよ!」と声を荒らげて、後で反省することがあります。

だからこそ、逆に私自身が家族から八つ当たりされたなと思ったときは、「今日は機嫌が悪いんだな」と思って、流すようにしています。

言いにくい相手の場合には、受け流して、相手にしないというのもありです。

ただ、「ちょっとこれはヒドいな」と思ったら、家族や近しい間柄の相手には「私にそこまで言われても困るな」と伝えることがあります。

仕事でも、たとえば「あなたも時間があるんだったら手伝ってくれればよかったのに！　おかげで間に合わなかったじゃない！」などと同僚にぶつけられて、「そこまで言われるのもなんだか違うかも……」と違和感を覚えたら、こんなふうに返しましょう。

「今回のことは、私のせいではないよね。手伝ってと言われれば手伝うから、今度は言ってね」

そこで相手を責めるのではなく、どう思ったか、今後どうしてほしいのかを伝えるようにします。

八つ当たりにそのままイライラをぶつけ返しても、いいことは何もありません。

切り返せる言葉を持っておきましょう。

Rule

26

悪いうそを見過ごさない

一線を引いて悪いことは悪いと言うことも必要

▼追及すべきうそ・こっそり見逃すうそ

周囲の人とうまくやっていきたい、平和的な関係を築いていきたいと誰もが思っているはずです。でも、それは「なんとなく良好な関係でいればいい」ということではありません。どんなときも一線を引いて、ときには「悪いことは悪い」と厳しい態度でいさめることも必要です。

とはいえ、他人にうそをつかれたとき、どこまで追及すべきか迷うこともあるのではないでしょうか。

見過してはいけないのは、自分のメリットのために、故意にうそをついたというケースです。たとえば、自分が担当したい仕事、役割を上司が誰に任せるか迷っていると知ったときに、「(同僚の)○○さんは私に任せたいと言っていました」と話を盛ったりねつ造してそれを手に入れるような場合です。

もうひとつは、自己保身のための虚偽の報告です。自分のミスを部下や取引先のせいにして切り抜けようとする人もいますね。もっとも、この手のうそはばれやすいので、放っておいても自滅するケースが多いのですが……。

自分のミスではないのに、ミスをなすりつけられるケースも見過ごせません。もしそういうことが起きたら、「これは私のミスではないので、確認していただけますか？」と冷静に伝えましょう。

いっぽう、見逃してもいいのは、日頃は誠実な人が、たまに失敗してしまったときのうそや、人を気遣ってつくうそです。

私が会社勤めをしていた頃、後輩女性が、「生理休暇で半日休みたい」と言ってきたことがありました。本当は前日飲みすぎたためだとわかっていましたが、いつも一生懸命働いていたので、黙って見逃したことがありました。

うそは誰でもつく可能性があるものです。「今後の関係に大きく差し障りが出てしまうと思ったときだけは追及する」と決めておくといいかもしれませんね。

Rule 27

「いい娘」を演じるのをやめる

母親の立場を尊重しつつ言いなりにならないように距離をとる

▼変わるべきは母親ではなくあなた自身

「母親がいつまでも干渉してくるんです……」

これは、20代～40代の女性たちからよく受ける相談です。あなたはいかがですか？

結論からいうと、母親を変えようとするのではなく、あなた自身がいい娘を演じることから卒業したほうがいいでしょう。

そうしなければ、いつまでも母親のための人生を歩むことになってしまうからです。

そのままで、果たして満足した人生を送れるのか。よく考えたほうがいいですね。

心理学者のアドラーは、「人間はそれぞれの人生の主人公である」と言っています。

順当にいけば、母親のほうがこの世を先に去るはずです。

そして、母親がこの世を去った後も、あなたの人生は続いていくのです。

母親から卒業するためにまずやめてほしいのは、何か重要なことを決めるときに母親に相談することです。親の許可はいらないと割り切りましょう。時々、「母親の願いどおりにできない自分を責めてしまいます」「母親をひとりにするのがかわいそうで……」と耳にすることがありますが、そんなことを思う必要はありません。

▼母親との関係が他の人間関係にも影響している

ある女性の話です。彼女は30代なかばになるまで、ずっと母親の意向をくんで生きてきました。「男の人と真剣に付き合わないでほしい」「実家から出ていかないでほしい」と母親から言われ、ことごとくそのとおりにしていました。

ところが彼女はそんな自分に嫌気がさしたのです。

というのも、母親と腹を割って話してこなかったことが、いつのまにか他の人間関係にも影響し、いつも自分の意見を言わずに人の意見を聞いてばかり……という癖が身についてしまっていることに気づいたからです。
そこで彼女は、意を決して「自分のしたいように生きる！」と実家を飛び出しました。
そして、地方を出て東京で働きはじめたところ、周囲とのコミュニケーションの仕方も大きく変化しはじめ、いまでは、素直に自分の意見を言えるようになったといいます。

幼少期から母親の強固な価値観を押しつけられてきた人は、自分で考え、決断し、主張することに慣れていない分、人に意見を伝えることが苦手になってしまうのかもしれません。母親も「娘は思いどおりになる存在。私の価値観のほうが正しい」と思い込んでいたりもします。

もしあなたに心当たりがあるなら、母親の言いなりになることはやめましょう。

たとえば、就職や転職に関わることや、異性とのお付き合い、住まいのことなどは、人生の大切な決め事です。これらのことを母親に先に相談するのはＮＧ。

決めたり動いたりしてから事後報告するぐらいのほうがいいと思います。これを繰り返していれば、母親のほうもだんだんと慣れていくはずです。

▼ぶつかったり相手を否定する必要はない

母親に先に相談する場合でも、ぶつかったり、母親の意見を否定する必要はありません。ただ、「おかあさんはそう思うんだね。私はこうしたいんだ」と自分の考えやしたいことだけは伝えるようにしましょう。

ここで過度に親の意見を否定すると、感情のもつれが激しくなって、ただただ険悪なムードになってしまうかもしれないからです。

他人に対しての接し方も、まったく同じです。母親との付き合い方は、価値観の違う相手との付き合い方の参考にもなります。

あなたの人生ですから、まずはあなたがどうしたいかを最優先にしましょう。

Rule

28 初対面の人とつながる・つなぐ

感じのいい切り込み方・切り上げ方

▼まずは感じのいいあいさつで切り込む

パーティのような不特定多数の人が集まる場所では、どんなふうにふるまえばいいのか——。よく寄せられる相談です。

誰とも交わらず「壁の花」になっていては参加する意味がありません。とはいっても、やたらと名刺交換してまわるのも、落ち着かないものですね。

初対面の人と、いい距離感でつながる方法を考えてみましょう。

まず心がけたいのは、あいさつを感じ良く交わすことです。着席スタイルなら、同じテーブルの人に声をかけます。立食スタイルなら、目が合って会釈したときに反応が返ってきた人と名刺交換するといいでしょう。ドリンクやお料理を取りにいくときに、近くにいる人と言葉を交わすのも、自然な流れでいいと思います。

あいさつするときには、こんな第一声から始めましょう。

「ごあいさつさせていただいてもよろしいでしょうか。はじめまして、戸田久実です。よろしくお願いいします」

そして、名乗った後に、名刺に書かれている肩書や職種を見て「企画のお仕事をなさっているのですね。どんな企画を手がけられているのですか？」などと話を切り出すといいですね。

ただし、私は、あまり積極的に不特定多数の人には声をかけません。あちこちの人に声をかけすぎると、誰とどんな話をしたか、覚えていられなくなってしまいますし、一人ひとりとの会話が薄いものになってしまうからです。

その会であいさつしたいと感じる人がいれば自分から声をかけてあいさつをしますが、それ以外は一人ひとりの人と、なるべくじっくり話をします。

▼相手に好印象を残す切り上げ方とは

「話を切り上げるのが苦手なんです」という相談もよく寄せられます。これも、悩ましい問題ですね。

立食の場合なら、私は「飲み物を取りにいきますので、ではまた」と切り上げたりします。

こういった会では名刺交換をともなうことが多いので、相手の名刺を手に持ちながら会話をすることも多々あるはずです。名刺を持っている場合には、「そろそろ切り上げる頃だな」と思ったタイミングで「今後とも、どうぞよろしくお願いいたします」と言いながら、名刺入れに名刺を収めるようにするのもいいでしょう。

▼関係をつないで知り合い同士にプラスをもたらす

不特定多数の人が集まる場で、私がもうひとつ意識していることがあります。それは、その場に知っている人たちが複数いた場合には、それぞれの人をつなぐことです。

たとえば、私がお世話になっている研修会社の担当者と、研修講師仲間がいたとしたら、その二人を引き合わせたりします。仕事につながったり、話が合いそうかなと思う人のことは、とくに積極的に紹介します。

お互いにとってプラスな時間になるように心がけることで、いいつながりが増えていくと考えているからです。

最後に忘れてはいけないのは、パーティが終わったら、後で主催者にお礼のメールを送ること。また、その場で親しく話せた人とＳＮＳでつながるのもいいでしょう。

思わぬところで新しい縁が生まれたりもしますから、いいなと思った出会いは、大切にするといいですよ。

ここであげたようなことからはじめれば、慣れないパーティの席でも、ソツなくふるまうことができるはずです。

Rule

29 「あなたが変えられない人」にとらわれない

自分の関わり方の工夫が解決の近道

▼上司を変えるのは100％無理

「組織の上ばかり見ていて、部下に無理を言ったり、威圧的な態度で接している上司に嫌気がさすんです」

女性向けの研修を実施すると、こんな相談をよく耳にします。

結論からいうと、その人の行動やあり方をまるごと変えることはできません。そもそも、他人を変えることは不可能です。

それなのに、〝変えられない〟その上司が気になっていちいちイライラして自分の仕事に集中できずにいると、あなた自身がパフォーマンスを発揮できなくなります。そちらのほうが大きな問題です。

「許せない……」と思う気持ちが湧き出てくるかもしれませんが、自分に害が及ぶ範囲でなければ、放っておきましょう。もし上司があなたにまで怒りをぶつけてきたら、過剰反応はしないようにして、最低限必要な報告・連絡・相談の情報共有のみにとどめたほうが賢明です。

食ってかかってしまうと、もめごとを大きくして苦労するだけだからです。

部下から相談を受けてなんとかしてあげたいと思うなら、直接あなたが上司に何かをするのではなく、一緒に上司への対応策を考えたほうが賢明です。

その上司の下で働くという選択肢しかなければ、淡々と自分のやるべき仕事をこなしていくしかありませんが、ストレスがたまって身体にまで影響するのであれば、他の上司に状況を相談したり、異動を願い出てもいいでしょう。

それも難しいという場合は、思い切って転職を考えたほうがいいかもしれません。

どんな状況であっても、相手を変えようとするのではなく、自分の関わり方を変えたり、環境を変えたほうが解決の近道になります。

▼プライベートで思うようにならないケースはどうするか

「30歳を過ぎているのですが、お付き合いしている彼が結婚する気がないので不安に感じています。でも身動きがとれません……」

そんな悲痛な相談を受けることがあります。

この手の相談を受けたときに、まず私がアドバイスするのは、結婚する意思があるかどうかについて相手と話をすること。そして、相手にその気がないようなら、他の人との出会いを探してみたほうがいいということです。

ここでも、相手を説得して考え方を変えさせるのは不可能だということです。

さらに、相手の決断を待つのではなく、人生の決定権は自分にあるということに気づいてもらうため、以下の３つを問うようにしています。

1　本当に結婚したいの？

結婚することや、子どもを持つことは、人生における重要な選択のひとつ。

だからこそ、自分自身の偽りない本心を知ることが大切なポイントです。

あなたに「結婚」の意思があるのに対し、彼にその気持ちがないのなら、「結婚」に向いた別の人を探す選択をすることをおすすめします。

2 相手は本当に彼でなくてはいけないの?

相手がどうしてもこの人でないといけないというケースもあるでしょう。

その場合は、もちろん彼が結婚の意思を固めるまで待つことになります。

ただ、5年以上(長い人では10年ほど)付き合ってきた人ほど、「これ以上、私のことをわかってくれる人はいない」「これ以上好きになれる人はいない」と思い込んでいる場合があります。果たしてそれは本当でしょうか? 自分自身の思い込みを外してみることも大切です。

3 ひょっとして執着だけで一緒にいようとしていない?

私が話を聞いてきたなかでは、「あの人でなければダメ」と言う人や、「ここまで長く付き合うと、他の誰かにとられると思っただけでしゃくにさわる」という、相手への執着心がある人もいました。

もしかして、意地になっているということはありませんか？　自分自身に改めて問いかけてみましょう。

以前こんなことがありました。

ある女性が付き合っていた彼は、結婚する気がなく、子どもを持つことも希望していませんでした。でも彼女は、これからの人生を真剣に考えた結果、子どもも欲しいし、結婚して家庭を築きたいという結論に。

そこで、思い切って彼と別れ、お見合いで他の男性との結婚を選択したのです。

現在、彼女は幸せな家庭を築いています。

▼他人に自分の人生の選択をゆだねない

結婚は、人生においてとても大切なことです。将来を分かち合いたいと願う相手となら、どこかでじっくり話をすることは避けられません。

結婚しなくても、ずっとこの人と一緒にいられればいいと思えるのなら、それも選択肢のひとつです。

でも、どうしても子どもが欲しいと願っていたり、結婚という形式をとらなければこの先の幸せを望めないと思っていたりするのなら、同じように結婚に気持ちが向いている相手を探したほうがいいのかもしれません。

相手の考えをあなたが変えるのは無理なのですから。

あなたの人生ですから、いずれにしても最後はあなた自身が決断しましょう。

誰かがこう言ったから決めたというのではなく、最終的には自分で決断したと言えるような選択をしましょう。もしかしたら、何年か経って後悔することもあるかもしれません。そのときに誰かのせいにせずにいられたほうが、前向きに行動しやすくなるはずです。

いつだって、人生の決定権は自分にあります。

あなたが変えられない誰かにいつまでもとらわれず、あなた自身が進む道を決めるのです。

Rule

30 男の嫉妬を甘くみない

決して相手の自尊心を傷つけない

▼女性以上にメンツや名誉にこだわるのが男性

嫉妬の話にはたびたび触れてきました。ここでは男性に嫉妬されたときと女性に嫉妬されたときで、どう対処法を変えればいいか、お話しします。

世間では、女性のほうが嫉妬深いというイメージがありますが、私は男性の嫉妬のほうが怖いと思っています。

男性は女性以上に、メンツや名誉、社会的地位にこだわります。そのため、男性は自分の地位や立場を脅かされるような相手に対しては、足をひっぱり、蹴落とし、ひどい場合には相手を社会的に抹殺しようと考えるのです。

ですから、男性から嫉妬をぶつけられた場合は、相手の自尊心を傷つけないように心がけましょう。敵ではないというオーラを出したほうが、いい関係を築けます。

過去の話ですが、私がある企業で社長から秘書に抜擢されたとき、男性社員から嫉妬されたことがあります。また、同業の男性講師から「戸田さんはいいよね。クライアントからの指名も多いみたいで」と嫌味を言われたこともあります。そのとき、私は「〇〇さんにそう言っていただけて光栄です。〇〇さんの研修もとっても評判がいいと聞いています。勉強させていただきたいことばかりです」と、あえて伝えて、普段から敵ではないという姿勢を見せるようにしました。ただ、仕事ができないと足をすくわれることもあるので、実力は磨き続けるようにしました。

一方、女性の場合は単に「あの人が嫌い！」などと感情的になって意地悪をするくらいのことが多いので、こちらからは何もせず、無視したり、聞き流したりするほうがいいでしょう。そうすると、やがて自然と収まっていったりもします。

もしもあなたが嫉妬をされたときには、男性の場合でも女性の場合でも、まともに正面から戦うことはしないようにしたいですね。

Rule 31

女同士でうまくいく5つのコツ

仲が良くてもさりげない心遣いと言葉を忘れずに

▼女性は群れたがり、和を重んじるもの

学生時代の同級生、同期、ランチ友だち、ママ友……。男性に比べて、女性のほうがグループをつくりたがる傾向にあります。

そして集団の和を大切にするといわれています。

さすがに大人になると、学生時代のようにいつも一緒、というわけにはいきませんが、私自身も気の置けない学生時代からの仲間や仕事のチームと、グループで集まる機会は少なくありません。

そこで、女同士がいい関係を保つために気をつけてほしい5つのポイントをご紹介します。

1　どの人にも公平に情報共有をする

「◯◯さんは誘うけど、□□さんは誘わない」ということが明らかになると、関係に角が立ってしまいます。抜けがけはルール違反。全員に情報共有して、不公平がないようにしましょう。

2　いつも特定のメンバーだけで物事を決めたりしない

同じメンバーだけで物事をどんどん決めてしまうと、「いつもあのメンバーで勝手に決めちゃうよね」と、他のメンバーに不満が募って、関係にひずみが生まれてしまうことも……。何かを決めるときには、一度はメンバー全員の意見を聞くようにしたほうがいいでしょう。

3　自慢話はしない

気づくといつも自分の自慢話ばかりしてしまう人はいませんか？
これを繰り返すと、妬《ねた》まれる要因をつくることになります。

もし誰かが自慢を始めたら、ちょうどいいところで話を切ったり、別の人にも話を振るように心がけましょう。

自慢話でなくても、人の話は聞かずに自分の話ばかりし続けてしまう人にも同様の対応が必要です。

4　メンバーの話を否定したり、批判せず、共感して聞く

女性同士のグループに限ったことではありませんが、

「そうなんだ、大変だったね」

「それってすごいことだよね」

こんな言葉をかけられると、誰でもうれしくなります。

とくに、女性は人間関係において、共感を求めます。「この人はわかってくれる」という思いが連帯感を強くするので、メンバーの話は否定せず聞くようにしましょう。

5「ありがとう」のひと言を忘れない

もちろんこれは男性にもいえることですが、とくに女性は「助かった」「ありがとう」

と言われ、誰かの役に立ったことに素直に喜びを覚えます。

お店を手配してくれたなら「ありがとう」とお礼を言う。何かの節目にお祝いをしてもらったら「とってもうれしい」と気持ちを伝える。まわりが忙しいときに、率先して動いてくれる人がいたなら「助かったよ。ありがとう」と感謝する。

相手を気遣ったことに対して、素直に喜んでもらえると、誰だってうれしいものです。ちょっとしたことでもお礼を言うことを習慣にしていれば、女性との人間関係でもめることもないはずです。ぜひ、「ありがとう」を惜しみなく伝えましょう。

女性同士のグループでは、さりげない気遣いが不可欠です。

いい関係を築くためにも、女性同士のグループで集うときには、これら5点を頭のすみにとどめておきたいですね。

協力することと、いいように使われることは違うもの

誰かの役に立ちたい、と思う気持ちや、協力することは良いことだと思います。しかし、自分の仕事やすべきことを犠牲にしているような状況であれば、「本当に私がやることなのか？」と見直したほうがいいでしょう。

30代前半の事務職の女性から次のような相談を受けました。

「いろいろな人から頼まれごとをされるとNOと言えず、つい引き受けてしまいます。そのため負担が増えて、結構きついんです」

詳しい話を聞いてみると、「それは彼女が引き受ける必要がなく、依頼する人たちがやるべきことなのでは？」と思うような範囲のことばかりでした。

私が彼女に、「キツイな、と思うのであれば断ればいいのでは？」と言うと、

「だって……、頼りにされているわけだし、私がやらないと誰もやらないから」

と言うのです。しかも、よく聞いてみると、頼りにされているから断れないというよ

りも、断ることで、「自分の評価が下がるのではないか」「周囲との関係が悪くなるのではないか」という心配、恐れを抱いているようです。

「その恐れは自分がつくりだした思い込みであって、断っても自分の評価が下がるとは限らないし、まして断ることで必ずしも関係が悪くなるとはいえないでしょう」

と彼女には伝えました。

私自身も、人から頼りにされると、私で役に立てるなら、と手を貸したくなる気持ちが湧いてきます。多少の無理ならするタイプなので、気持ちはわかります。しかし、「なんで引き受けてしまったのだろう」という思いが、「役に立ててよかった！」という気持ちを上回るなら、精神衛生上もいいことはありません。さらには依頼してくる相手にはそれが伝わらず、頼めばなんでも引き受けてくれる都合のいい人と思われるかもしれません。

「協力することと、いいように使われることは違う」。そう見極め、勇気を持って断るという決断をしてみませんか。

第4章

ふるまいに品を添える8つのルール

Rule 32

無意識のしぐさ・表情に気を配る

目・口・手……他人の視線は思わぬところに注がれている

▼気の緩みで普段のクセが出る

メイクやヘアスタイル、洋服選びにどんなに時間をかけても、相手はまったく別のところを見てあなたの印象を決めている……。そう言ったら驚くでしょうか？

では相手はどこを見ているのでしょうか。

答えは、「あなたの意識が行き届いていないところ」です。つまりあなたの気が緩んだ瞬間のちょっとした表情、しぐさ、ふるまいです。それは、習慣としていつのまにか身についてしまっていることであったりします。

たとえば、表情。とても基本的なことですが、口角は無意識のうちにどうしても下がってしまうものです。とくに日本人は7～8割の人が口角が下がっているといわれているので、普段から口角を上げる意識をしたほうがいいでしょう。

以前私が、講師仲間の男性のプレゼンテーションを聴いたときのこと。プレゼン後にその男性から「何か問題があった？　もし改善点があったら教えてね」と言われてビックリしたことがありました。改善点どころか参考になることが多く真剣に聴き入っていた私は、相手に「眉間にシワを寄せて、難しい顔をしていたからさ」と言われて、またまたビックリ。真剣になりすぎて、無意識に私の眉間にはシワが寄っていたのです。

私も講師をしている分、目の前に難しい顔をした人がいたら、どんなに話しづらいかわかります。自分ではそんなつもりはなくても、無意識の表情が相手に良くない印象を与えてしまうことがあると身にしみたことを、いまでも覚えています。

同様に、打ち合わせや、人の話を聞くときに腕組みをするのも、そんな意図はさらさらなくても、構えているように感じさせたり、威圧的な印象を与えてしまいます。

逆にごく基本でほんの小さなことですが、相手の目を見てにこやかにあいさつをするだけで、好感度はぐっと上がります。プレゼンや打ち合わせで何かを差し示す場合に、指先をそろえるだけで、いつものしぐさが丁寧で品のあるものに変わりますから、ぜひためしてみてください。

▼人前で身体を緩めない

「オン」のときはまだしも、そこから解放されて気が抜けると身体がつい緩んでしまうものでしょう。仕事を終えて帰宅するときや友人や恋人と別れて電車に乗るとき。ほど良い緊張から解放されて、ふと気が緩む瞬間ですね。でも、気は緩めても、身体を緩めるのは、自宅に戻るまでもう少しだけ待ちませんか。

たとえば、電車の中で脚をだらっと開いて座ったり、口をぽかんと開けてスマホをいじったり……。ちょっとしたことですが、他人から見ると、とてもだらしなくて安っぽい印象に映ります。

誰も見ていないし、発言の機会もないからと、会議中に髪の毛を触り続けたり、貧乏ゆすりをしたりする姿も評判を下げてしまう恐れがあるので要注意。

研修中に靴を脱いだり、椅子の上で正座している女性を見かけることもあるのですが、仕事に対する意識の低さが目立ち、だらしなく見えてしまうので、気をつけたほうがいいでしょう。

立った後、使った後までは意識が回らないのか、椅子を出しっ放し、キャビネットを開けたら扉を開けっ放し、洗面台が水浸しなんて光景は珍しくありません。細かいと思うかもしれませんが、こういったことが気になる人は意外に多いのです。

化粧室のような半分クローズドな場所では、余計に気が緩んでしまうかもしれませんが、見ている人はしっかり見ているもの。目の前に大事な人がいなければいいかげんなふるまいをしていいというわけではありません。

「相手の立場に立って考え、行動する」ことは、一朝一夕で身につくものではありません。

だからこそ、目の前にいる人からどう見えるか、次に使う人のことを想像したり、目を意識して行動をしていくことが、美しいふるまいの練習になります。

たかがしぐさ、されどしぐさ。まわりのことも考えながら、品のある行動を心がけたいですね。

Rule

33 毎日の「やる・やらない」決まりをつくる

たった数分の積み重ねをあなどらない

▼身だしなみは無言の紹介状

あなたには、どんなにバタバタしていても、これだけは欠かせないという習慣がありますか？

私が心がけているのは、毎朝、軽く靴を磨き、身だしなみをチェックしてから外出することです。朝バタバタしていると、この習慣が乱れてしまうので、ゆとりを持って起きられるように目覚まし時計を設定しています。とはいえ、時間にするとたった5分〜10分のことです。

私が20代の頃、「身だしなみは無言の紹介状」とアドバイスされたことがあります。

語らなくても、その人の身だしなみを見れば、その人の人となりがわかるというのです。
これは、細部にまで配慮ができる人なのか、気持ちに余裕がある人なのか、その場に合った服を身にまとえる人なのか、身だしなみで判断されるということです。

とくに、足元は要注意。人は意外に他人の足元を見ています。足元が汚れていると、私は自分でも気になってしまうので、毎朝出かける前に、簡単に靴用の布でサササッと磨くようにしています。それだけで、一日をはじめる心の準備もできます。

洋服を着たら、姿見で全身を見ることも忘れません。ほつれて糸が出ているところはないか、何かゴミがついていないか、スカートの丈や裾は大丈夫か、後ろ姿は問題ないか確認します。これはとても大切なことなので、次の項でじっくりお伝えしましょう。

前日の夜に、翌日に着る洋服を決めて、準備しておくのもおすすめです。
これだけで、朝バタバタするのを防ぐことができます。
男女共にいえることではありますが、とくに女性の場合は、身だしなみ＝その人の品格と受け取られることが多いものなので、しっかり習慣に組み込んでおきたいですね。

▼毎日の生活でやらないこと

やることを決めるのも、もちろん大切ですが、私は同時に「やらないこと」についてもルールを決めています。

□　**ネット、またはスマートフォンのゲーム**

スマートフォンのゲームは中毒性が高いといわれます。じつは私も、以前夫に教えてもらって、はまってしまったことがありますが、気分転換の域を超えていると思ってやめました。

□　**お菓子をお皿に移さずに袋から出して食べ続けること**

目につくところにお菓子があると、つい際限なくダラダラ食べ続けてしまうもの。ながら食べをしないで、食べると決めたときに、決めた量を用意をして食べるようにしています。

□　**テレビを何気なくつけっぱなしにすること**

見ていないときは、テレビを消し、見たいと思った番組だけピンポイントで見るようにしています。ダラダラ見ていると、時間だけが過ぎていくので要注意です。

□ **夜眠る前にスマートフォンを見続けること**

眠る前にスマートフォンを見る人はとても増えていますが、目が悪くなる上、眠りにつきにくくもなるので、とくに気をつけたほうがいいことです。ちょっとチェックする程度なら許容範囲でしょうが、それも気づくとあっという間に1時間経ってしまったりするものです。

□ **お化粧をしたまま寝てしまうこと**

働く女性によくある話ですね！　経験者ならわかるはずですが、これをしてしまうと、翌日の肌の調子が悪くなってしまいます。肌の調子が悪いと一日のスタートからして気持ちがどんよりしてしまいます。人に会う仕事をしているなら、余計に気をつけたいですね。

毎日の習慣は、一つひとつは小さなものでも積み重ねることで自分に与えるインパクトは強くなるもの。やる・やらないルールを決めておくといいでしょう。

Rule

34 360度チェックして人前に立つ

自分で見えない部分に注がれる他人の目を意識する

▼相手はあなたの服装のどこを見ているのか？

人前に立つとき、あなたはどんなことに注意していますか？

たいていの人は鏡の前に立ってヘアスタイルやメイクを直し、トップスを整えますね。

ただし、それはあなたの目線から見てのこと。他人の視線はあなたの正面ばかりに注がれるわけではありません。

むしろ、あなたの目線が届きづらい後ろ姿や横からのライン、そしてそこに隠された配慮は、他人のほうがよく見ているものです。

講師として私が大勢の人の前で登壇するとき、気をつけていることがいくつかあります。まず、洋服を着たときに、正面だけでなく、後ろからも横からもどう見えるのかチェックすることです。

たとえば、後ろから見たときに、ジャケットの生地に皺やひきつっているところがないか、横から見たときにラインがきれいに見えるかをチェックしてから身につけます。見た目が整っているほうが、本番のパフォーマンスも自信を持ってできるからです。

普段も、ニットなどを身につけるときは、たたみ皺がないか、毛玉は気にならないか、スカートがきつくなって横皺が出るような状態ではないか、サイズが合わなくてパツパツになっていないか、下着の線が出ていないかも確認します。

もちろん、体にフィットしているかどうか以前に、これから向かう相手先にふさわしい服装かどうかも大切です。つまりドレスコードに配慮するということ。

かなり前の話です。ある製薬企業の研修を担当したとき、夏ということもあり、さわやかな明るい水色のジャケットを着ていったことがありました。ところが、現場で20代後半の女性から、「素敵なジャケットですね。でも、私たちは、普段の仕事では白や水色などの鮮やかな色は着ることができないんです」と言われたのです。

製薬企業のＭＲ（医薬情報担当者）の方々は、主な訪問先が病院やクリニックなどの医療機関です。多くの製薬企業が、華美な印象を与えないよう、ダークな色のスーツを着用することや、派手なネイルは禁止というドレスコードを設けています。そこへの配慮をすっかり忘れていたのです。相手の領域に足を踏み入れるには、相手のドレスコードを意識することが不可欠です。とくに相手が女性の場合は、アウェイの状況をつくってしまう恐れもあるので、身だしなみには配慮しなければいけません。

自分だけでなく、他人の目線で客観的にチェックしてみるのもおすすめです。

▼足元と頭のてっぺんも盲点に

また、かならず磨かれた靴で登壇するのも、長年私が守っている習慣です。つま先が白くなっていたり、かかとがすり減っている靴を履くわけにはいきません。これは、私が出逢ってきたエグゼクティブ層の多くが「人を足元で判断する」と語っていたからです。

彼らは「足元にまで気を配れる人は、細部にまで気を配れる人だ」と評しています。

私も、日々たくさんの人にお会いしますが、着ている洋服のセンスが良くて素敵なのに、靴のかかとがすり減っていてボロボロになっていたり、靴が汚い女性を見かけてがっかりしたことがたびたびあります。

自分の目線が行き届かない頭頂部も要注意。

じつは、カラーリングをサボって〝プリン状態〟になっているケースや、根元から白髪がのぞいている女性は意外と多いのですが、他人はそれをなかなか口に出して指摘はできません。とくに白髪の場合はインパクトが強い分、一気に老けた印象を与え、後々まで印象に残ってしまうことも……。

私の場合はあまり背が高くないので、カラーリングがこまめにできていないと目立ってしまいます。ですから、３日に一度ぐらいの頻度で、鏡を使って上から頭のトップを確認するようにしています。

ぜひ日頃から、全身を３６０度チェックする習慣を持ちましょう。

そのほうが、あなた自身も自信を持って人前に出ることができますよ。

Rule
35
自分に手をかけて上手に熟す
年齢を重ねることに甘えない

▼同窓会でいつまでも若い人、年齢以上に老けている人

以前よりやせにくくなった。なんとなく顔色がくすんで以前のような明るい服が似合わなくなってきた。睡眠不足で出社すると「疲れてる？」と聞かれる……。こんな風に年々、年を重ねていくたびに、誰もが微妙な「変化」をあちこちに感じるのではないでしょうか。ですが、その変化は必ずしも年齢に応じて一様でもないようです。

実際に同窓会で同級生に再会すると、いつまでも変わらず若々しい人と、年齢以上に老けてしまっている人に分かれるように感じます。まわりから「老けたなあ」と思われる人は、どうも自分にかまわなくなってしまっているケースが多いようです。

だからこそ、年齢を言い訳にして甘えずに、自分を客観視したり、メンテナンスに意

識と時間、ときにはお金をかけることも必要です。

あなたは次の３つのポイントに、心当たりがありませんか。

１「老い」を目立たなくしようと思っていないか？

加齢にともなって、暗い色の服や、身体のラインが出ないような服を選んでいませんか？　じつは、暗い色の服や、大きめのサイズの服を着ることで、若々しさが半減してしまっている人がいます。老いを目立たなくさせようとする行動が、ますます老けた印象を加速させてしまうとしたら、とてももったいないことです。

２　自分にかまわなくなっていないか？

たとえば、髪の艶がなくパサパサしたままでいたり、カラーリングがはげていたり、白髪のまま、まったく染めていなかったりすると、清潔感に欠け、さらに老けた印象を与えてしまいます。髪にも年齢が表れます。40歳を超えると艶が落ちてくるので、「昔のまま」のケアだと少々心配ですね。私の場合は、１日１回髪にオイルを塗って、艶を保つようにしています。メイクもほとんどしないままでいると、暗いキャンバスのように沈んだ印象を与えます。すっと唇や頬に赤みを入れるだけでも、女性らしく華やかになります。

小さなところからでいいので、色を加えるなどして自分にかまってあげてください。

3 いつまでも、「昔のまま」のファッションやスキンケアを続けていないか？

いくら若々しくいたいからといって、「若づくり」は禁物です。

たとえば、20代の子が好むようなひらひらしたデザインやリボン、短めの丈の流行ファッションをしていると、逆に老けて見えてしまうだけでなく、傍目にも痛々しく映ります。

過剰なつけまつ毛や明るすぎる髪色も、おすすめできません。とくに明るすぎる茶髪は、20代で卒業するぐらいに考えておいたほうがいいでしょう。顔と髪の色とのギャップが大きすぎると、その分だけ老け顔になっていきます。

似合うものや最適なお手入れの方法は、年齢と共に変わるものです。

とくに35歳を超えたら、若づくりにいそしむより、しっかり保湿して肌を美しく保つ工夫をしたほうが、結果的に若々しく見えます。乾燥は老いを増長させます。

思考ひとつで美しさが変わる

もちろん、外見だけでなく「思考」を整えることも忘れないでください。

どんな思考でいるかも、その人の表情と美しさに影響を与えます。

以前、久しぶりに会った女性が、眉間にシワを寄せ、下がった口角で愚痴や不満ばかり口にしているのを目にしたとき、あまりに老けて見えて驚いたことがあります。

日々、不満ばかり募らせていたり、ネガティブなことばかりに目を向けていると、その思考に見合った外見になってしまうのです。

一方、いまの生活を楽しんでいたり、やりがいを持っていたり、いろいろな意見や価値観に耳を傾ける余裕があったりすると、自然と若々しく見えます。

どちらのほうがいいかは、一目瞭然ですね。


肌、髪、服装、そしてポジティブな気持ち。これらに気を配ることで、年齢を重ねてもさびない女性になることができます。ぜひ意識したいですね。

Rule

36 ソトでのふるまいをわきまえる

公私の空間、それぞれでやっていいことは違うもの

▼「迷惑をかけていないからいい」のではない

あなたは、自宅のようなプライベートスペース（ウチ）と、パブリックスペースといわれる公共の場（ソト）でのふるまいの使い分けはできていますか？

たとえば、電車の中での化粧や飲食。割と頻繁に、電車内でメイクや食事をする姿を見かけます。もっとも、コソッとリップを塗り直したり、チョコレートやグミのような、すぐに口に入れられるようなものを食べるくらいならそれほど気にはなりませんが、それ以上のふるまいをしてはいませんか？

以前、私が電車に乗ったときは、まわりに誰もいないかのように、ファンデーションを塗りはじめたり、おにぎりやサンドイッチ、さらにはコンビニで買ったパスタや汁物

を食べている人までいて、ビックリ仰天したことがあります。

「誰にも迷惑をかけていないのだからいいじゃない」という声もありますが、そもそもどこからが「迷惑」かは人によって違います。本人にとっては気にならないことでも、周囲にしてみれば迷惑ということもありますし、公共のマナーに関する暗黙のルールを破る人に不快感を持つ人もいます。電車内で電話をしている姿が気になるのは、それにあたります。

エレベーターや飲食店での会話の内容や、声の大きさなどにも、周囲への配慮が求められます。あるとき、企業の社章をつけた女性社員たちが、エレベーター内で顧客の悪口を話しているのを耳にして、驚いたことがありました。

パブリックスペースで周囲への配慮ができるということは、普段の人間関係への配慮ができることにもつながります。パブリックスペースでのふるまいを、意外と人は見ているのです。

大人の女性なら、いつ見られてもいいようなふるまいを心がけたいものですね。

Rule

37 ものをきれいに食べる

美しい食べ方は品格を感じさせる

▼「食べる」というシンプルな行為に表れるもの

食事の場面では、その人の品性が垣間見えます。

食べ方が醜い人は、百年の恋も冷めるほど周囲をがっかりさせてしまうことをご存じでしょうか。

「食べる」という、誰もが日々繰り返す、とてもシンプルな行為には、どんなしつけをされてきたのか、その人が日々どんな生活を送っているのかが出やすいのです。

日頃からきれいな食べ方をしていたり、食事中に周囲への配慮ができているような人には、誰もが品格を感じるものです。

逆に、食べ物を口に入れたまま話をしたり、話しながら箸やフォークを振り回したり、ガツガツとかき込むような食べ方をする人は、周囲に不快感を与えてしまいます。

私が若い頃、年上の女性に「お付き合いするときには、まず一緒に食事をして違和感がないか、生理的にイヤな感じがしないかどうかを確認してからにしたほうがいい」と言われたことがありますが、年齢を重ねるにつれて、いかにそれが真実か日々実感しています。

こまごまとしたマナーはいうまでもありませんが、食事の席で私が一番気をつけているのは、周囲の人たちと食べるペースを合わせることです。これは、まわりに余計な気を遣わせないようにするためです。

とくにコース料理の場合には、人によって食べるペースがあまりに違うと、お店の人も対応に追われてしまうので、気をつけています。

夜の会食であれば、周囲の人のグラスが空いていないか、目を配れるとスマートです。グラスが空きそうになる人がいたら「何か注文されますか?」と声をかけます。

食事をしながらみんなで会話するときには、誰かひとりだけに会話が集中せず、その場にいる全員が話ができるように話題を振れるといいでしょう。

全員が楽しめるほうが食事の場もいいものになりますし、「この人をまた呼びたい」と思われるのではないでしょうか。

食べ方以外に見られているもの

また、意外と人に見られているのが、お店の人と話をするときの態度です。横柄なふるまいをするのか、感じ良く話すのかによって、その人の品性が表れます。お店のスタッフに失礼な態度をとる人は、上司には媚を売るのに部下にはねちねち嫌味を言う人と同じような印象を与えてしまうものです。

もちろん怒鳴りつけたりするのは論外。クレームは「文句」ではなく「リクエスト」ですから、丁寧な言葉遣いは欠かせません。

たとえば、「かなり前にオーダーしているのに、まだ料理が出てこないんですけど！どうなっているんですか！」とお店のスタッフを責めるより、「頼んだ料理が遅いので、早く持ってきていただけませんか」「私が頼んだのは〇〇です。確認をしていただけますか」というような言い方をしたほうがスマートです。

誰に対しても丁寧にふるまっている人を見ると、安心感と信頼感が湧くはずです。

10人以上の懇親会等の場合には、最初の乾杯のタイミングがずれないよう、すばやくそろうビールやソフトドリンクなどを頼む心遣いも大切です。

同様に、食事の席では、自分がどの立場で参加しているかを気にしたほうがいいですね。目上の人ばかりが集まる場で、他の方を待たせて自分の好きなものを頼んだりすると、静かに評判を落としてしまうことにもなりかねません。

その食事の場がどのような場で、自分がどの立場にいるのか、わきまえた上で参加できる人には、大切な会食でも安心して声をかけることができます。

お料理を残すときのしぐさも、意外と人に見られています。残したものをお皿の脇のほうに寄せている人からは品の良さが感じられますが、食べ散らかした残し方をしていると、行儀が悪く見えてしまうので注意したいですね。

もし、ごちそうになる可能性があるときには、小さめのお菓子などの手土産を持参しましょう。「気がきくな」「仕事もできるだろうな」と、さりげなく相手に好印象を与えられます。

食事の席では「品良くスマートに」が鉄則です。

Rule 38

「無難」を捨ててきれいを手に入れる

10年前と同じスタイルは「逃げ」と同じ

▼10年ぶりに髪型を変えてみたら……

無難を求め、変化を好まない人がいます。

とくに女性の場合、「髪型やメイクを変えたら似合わないのでは？」という不安を持っている人や、「髪型を変えたら、化粧品も服も変えなくてはいけないし、ちょっと面倒」という人の話を聞いたことがあります。

ある30代後半の女性の話です。その人は、付き合っていた彼から似合うと言われた髪型にしたら、それ以来、10年間もそのヘアスタイルをやめられなくなったそうです。

あるとき、10年前の写真を見たら、いまと髪型も服装もメイクも何も変わっていないことに愕然としたそうです。気づけば、服もいつも同じようなワンピースばかり買っていました。ところが、確実に10年分の年齢を重ねているので、写真と現在の自分の姿を見比べていると、なんだか違和感を感じたのです。

そのとき彼女のなかでふと湧き上がってきたのが、「(このスタイルは) 20代のときだったからよかったのでは?」「このままずっと同じってどうなのだろう」という思い。そこで、思い切って美容院で髪型を変えてみることにしたそうです。すると、気分も一新され、周囲からの評判もぐっと良くなったとか。

彼女に限らず、10年以上、同じ髪型やメイクをしているという女性は、意外と多いのではないでしょうか。ですが、流行も日々変化しますし、その人の年齢や置かれている立場や環境によって、マッチする髪型やメイクも変わるものです。

▼いつもの職場の〝ふつう〟を見直してみる

さて、時代に合わせて髪型やメイク、服装を見直しているという人でも、そもそも、それがあなたのいまの立場に合っているかという視点が欠けていることがあります。

ある大手企業の女性管理職(30代後半~40代)を対象にしたプレゼンテーション研修に登壇したときのこと。担当の女性役員から、受講者への身だしなみについてのアドバイスを求められたのです。

彼女たちが身につけていたのは、たとえば、丈が短くて膝が出るようなフレアスカートや、かわいらしいニット地のデザインジャケットや、クロップドパンツ……。

確かに、年齢的にもそう大きなミスマッチはありません。ところが、残念なことにそれを身につける彼女たちの、管理職という立場とは合っていなかったのです。

事務的な仕事をする場合ならいいのかもしれませんが、プレゼンテーションの相手は50代の男性役員ばかりです。目上の方たちを相手にプレゼンする姿としてはふさわしくありません。そこで、ビジネス向けのジャケット、足の甲まであるパンツ、膝が隠れるスカートにするようアドバイスしたほか、お辞儀をしても顔にかからない髪型を提案したのです。さて、その効果はいかに？

研修後に役員たちから、「以前よりもインテリジェンスが感じられるようになった」という声があがったという報告があったそうです。

▼ときにはプロの手を借りる

ビジネスでは、自分の好きなファッションではなく、相手に自分をどう見せるか印象管理するほうが、ずっと大切です。

客観的に自分がどう見えるのか、自分の魅力を最大限引き出してくれるのはどんな服なのかがわからない場合は、プロのパーソナルスタイリストにお願いすることをおすすめします。いまは、１時間１万円程度でパーソナルスタイリストがショッピング同行してくれるサービスもたくさんあります。もっと手軽な解決策なら、ショップの店員さんに、アドバイスをもらいながら洋服を選ぶのも手です。

もしあなたが毎日の洋服選びに悩んでいるなら、ぜひ一度プロにお願いしてみてはいかがでしょうか。

「いま」のあなたとその立場に似合うものを知りたいのなら、美容師や化粧品カウンターのスタッフにアドバイスをしてもらうのもいいでしょう。アイメイクだけ変えてみたり、髪の毛の長さを調整したり、パーマをかけるなど、少しのチャレンジからはじめてみるのもいいでしょう。気持ちも変わるはずです。

ときには安全安心という「無難」や「ふつう」をやめてみる勇気を持つことが、「きれい」や立場にふさわしい印象を手に入れる近道なのです。

Rule

39

節目のあいさつは肉筆・肉声で

メールやSNSと併用して心を伝える

▼デジタル時代だからこそ目立つアナログ・コミュニケーション

デジタル時代に突入していますが、いまの時代だからこそ、手紙や電話、実際にあいさつに伺うといった、アナログなコミュニケーションができる女性は一目置かれます。

まず、季節のごあいさつ（お中元、お歳暮など）、お礼の品、そして書類や請求書、献本など、何かを郵送で送る際には、かならず便箋や一筆箋でひと言でもメッセージを添えて送るのがスマートです。

印刷してある定例文より、肉筆のほうが気持ちが伝わるように感じるので、私はいつも直筆のメッセージを添えるようにしています。季節に合った便箋や切手は常備しておき、いつでもすぐに送れるようにしておくと、手間がかからなくておすすめです。

手紙を添える習慣がつくようになったのは、ある女性からいただいた季節の便りがきっかけでした。

彼女は、折に触れて、センスが良く季節感のある便箋に、万年筆でメッセージを添えてくださいました。それがうれしくて、私もはじめてみたのです。

習慣になってからは、人との距離が縮まるのを感じています。

お世話になったお礼や、ご迷惑をおかけしたお詫びなどは、電話で直接伝えることも習慣にしています。お礼やお詫びや相談事は、早く対応したほうがいいですし、肉声で伝えることで、誠実さも表現できるからです。

お世話になっている方々や、取引先の方たちへの季節のお中元やお歳暮なども、先方の時間が合えば、出向いてお持ちするようにしています。そのほうが、「忘れずにいる」という気持ちを、相手に伝えられるのではないかと思っています。

メールやLINEなどももちろん日頃から活用していますが、より気持ちを伝えたいと思うときには、アナログの手段も活用するといいでしょう。

column
コラム

2割の余白でミスを防ぐ

長く講師の仕事を続けていると、登壇して大勢の人の前でプレゼンするような華やかな側面ばかりが注目されます。ですが実際は、長くプロとして続けられるかどうかは、人目につかない準備の部分がカギを握っています。

仕事柄、第一線で活躍している女性たちに頻繁にお会いしますが、これはどの業界、職種でも言えること。

とはいえ、どんなに準備をしていても、ミスはゼロにはできません。

そんなミスが増える大きな要因は、たいていの場合は忙しくて疲れていることにあります。

スケジュールが詰まっていて忙しいときや、タイトスケジュールが続くときには要注意。「忙しくなってきたなぁ」と思ったら、スケジュールをいったん棚卸ししましょう。

まず、自分で決められる約束なら、あえて予定を詰め込みすぎないようにすること。

何かトラブルが起きたとき、対処がしやすいように、予定を入れる上限は75~80%にしておき、余裕のあるスケジュール計画を立てます。

そして、もうひとつ大切なのは、ＴｏＤｏを細かくピックアップして付箋などに書き出しておくことです。

私の場合、講演や研修の日付を間違ったり、ダブルブッキングしてしまったりすると大変なことになります。そこで、日程が決まったらすぐにスケジュール帳に書き込んで、念のために付箋に書いて、デスクの目立つところに貼っておくようにします。

提出しなければいけない資料があるときにはスマートフォンのアラームも活用します。提出期限ではなく、取りかかったほうがいい日にアラーム表示されるように設定するのがポイントです。そうすることで、余裕を持って早めに取りかかることができます。

また、忙しいときこそ、睡眠時間はしっかり確保するようにしましょう。

睡眠不足は、じわじわと影響し、疲れやうっかりミスにつながりやすくなります。睡眠も仕事のうちだと思ってしっかり眠って、朝バタバタしないように心がけたいですね。

第5章

運を引き寄せる話し方と言葉の11のルール

Rule

40 とっさの「ひと言力」を鍛える

語尾まで言い切るだけでも印象アップ

▼言葉は本人の意識次第で変えられる

以前、ある女性先輩講師から、こんなことを言われたことがあります。

「言葉遣いには、その人の育ちが表れる。ただ、本人の意識次第でいくらでも変えられるところでもあるの」

言葉遣いが美しいと、それだけで一目置かれ、ぐっと評価が上がります。

たとえば、とっさのときにこんな言葉を使える女性は素敵です。

・上位者に何かを頼まれたとき……「かしこまりました」

・相手に何か負担をかけるとき……「お手数をおかけします」

・訪問してもらうとき……「ご足労をおかけします」
・遠方の人に対してや、夜遅くの解散時……「気をつけて帰ってね」
・相手が忙しい日々を過ごしているとき……「身体に気をつけてね」「ご自愛くださいね」
・公式な場で名乗るとき……「わたくし」

また、普段友人同士では「○○だよね」「○○なの」などとフランクに話している女性が、上司や取引先の人と、「○○の件について、□□のようにお考えいただけるとありがたいのですが、いかがでしょうか?」と、美しい敬語で話しているのを聞いたとき、人はどんな印象を抱くでしょうか。

相手や状況によって言葉を使い分けられる聡明な人だと評価されますね。

言葉を美しく使いこなせる女性は、それだけで美しいと思われるのです。

敬語を完璧に使うことは無理だとしても、「□□なんですが」「□□ですけど」で言葉を終えるのではなく、「○○です」「○○ます」と、語尾まで言い切ることを意識するだけでも、ずいぶん印象は違ってきます。ぜひ実践してみてください。

Rule 41

素の言葉遣いを正す

言葉は顔のシワより深い印象を残す

▼たったひと言で周囲を幻滅させる「残念な言葉」とは

さきほどの項で「言葉を美しく使いこなせる女性は、それだけで美しいと思われる」とお伝えしましたが、同時に、これと真逆のこともいえると覚えておきましょう。

そんなあなたの評判を下げる言葉の代表が、「若者言葉」「男性言葉」「相手を馬鹿にしたような言葉」の3つです。

・若者言葉……「マジ？」「マジっすか？」「うちら」「あざっす」「了解っす」
・主に男の人が使う男性言葉……「食う？」「メシ」「うめぇ」
・相手を馬鹿にしたような言葉……「はぁ？」「超ウケるんだけどぉ」「キモい」「ウザい」

挙げるとキリがないのですが、これらの言葉は、たったひと言で周囲を幻滅させてしまうほどの破壊力があります。勢いで使ったつもりでも、他人から見ると、正しい言葉や敬語が使えないみっともない人に映るだけ。「大人の女性」として物足りないだけでなく、きれいな化粧の下に、とんでもなく肌の荒れた素顔を見たような衝撃を与えてしまいます。

あなたが使う言葉を耳にして、相手はあなたの「育ち」つまり、これまでの経験や歩んできた環境や思考を想像します。だからこそ、言葉は大切なのです。

実際に、私の知人の会社に、非常に仕事のできる女性がいました。ところが、あまりにも言葉遣いが乱暴なせいで、周囲からの評判を落としていってしまったそうです。男性と肩を並べることと、男性の話すような言葉を使って乱暴にふるまうのとは、まったくの別モノです。

年齢を重ねたら、顔のシワを気にするよりも発する言葉を気にしましょう。

言葉は、シワよりも深く、相手の記憶に残るものですから。

Rule 42

「だって」「どうせ」を使わない

あなたにネガティブな状況と人を呼び寄せるNGワード

▼使っている女性に幸せそうな人はいない

普段、私が心して使わないようにしている言葉があります。

その代表例が、「どうせ私なんて」「でも」「だって」「面倒くさい」という後ろ向きなフレーズです。

理由は簡単。それらの言葉を口にしている女性に、幸せそうな人がいないからです。無意識に使っていると、ネガティブな状況とネガティブな人を引き寄せてしまう、じつに「残念な言葉」です。いったいどんな問題が潜んでいるのか見てみましょう。

・「どうせ私なんて」

一見謙虚な口ぶりですが、その裏には、過去の失敗を抱えたままで、新しいことにチャレンジする意欲がないという姿勢が隠れています。傷つくことを恐れているときにも使われます。

それでいて、相手に「そんなことないよ、○○さんはすごいと思う」と〃謙遜〃を否定してもらいたい本音もちらちらと見えます。その姿には、すねたりいじけた印象が感じられて、余計に「面倒くさい」のです。

・「でも」「だって」

自分が正しいと思い込んでいるとき、あるいは、相手の言い分が正しいことがわかっているけれど、認めたくないというときに、ついぽろっと出てしまう言葉です。

誰でも間違えることはあるものです。それを指摘されて認めたとしても、決してすべてが否定されるわけではありません。ところが、自信がないと素直になれないのです。

また、人が話しているときに反論しようとして「でも」「だって」と口をはさむ人もいますが、自分の話を否定されて気持ちのいい人はいません。

たとえ正論だとしても、「話題をさえぎって話しはじめるような人の話は聞きたくない」と相手に思わせてしまうのは避けたいですよね。

もし、相手の言い分に反論したいのであれば、「でも」「だって」と切り返さず、「◯◯ということですね」と相手の言うことを受けとめてから、「私は□□と考えているんです」と自分の意見を伝えてみてはいかがでしょうか。

「でも」「だって」というフレーズを使わなくても、反対意見は述べられるのです。

・「面倒くさい」

この言葉は、思っているより厄介なフレーズです。たとえば、何かに取りかかるときに「面倒くさい」と言ったとします。自分にとっては何気ないつぶやきでも、聞いた人たちからは「何事にも前向きに取り組む気がない人」だと思われて、新たなチャンスを逃してしまう恐れもあります。

複数のメンバーで何かのプロジェクトに取りかかっているときに、「面倒くさい」「疲れた」と口癖のように言ってしまう人もいますが、これはアウトです。言ったところで何も解決しないだけでなく、周囲の士気を下げてしまいます。空気を読まずにこういったネガティブな発言ばかりしていると、プロジェクトにふさわしくないメンバーだとみなされてしまう恐れもあります。

「面倒くさい」が口癖の人とは、楽しい時間が過ごせませんから、プライベートでも、周囲から一緒に過ごしたいと思われなくなっていきます。

このように、「残念な言葉」は、繰り返すほどに、あなたのまわりからポジティブな人を遠ざけます。そればかりか、いつの間にかあなた自身を「残念な人」にしてしまうのです。

不幸を呼び寄せるような残念な言葉を使ってはいませんか?

何気ないひと言であなたの評判を落としていないか、普段使っている言葉に、注意を払ってみてください。

Rule

43

ピンチを救う自分だけのマジックワードを持つ

くよくよ癖を捨てるならまずは言葉から

▼私のピンチを支える４つの言葉

「どうしてこんなことが!?」「あ〜、どうしよう！」といった難しい局面に直面したとき、あなたはどんな言葉をつぶやきますか？

私は、ピンチに陥ったとき、こんな言葉を自分に言い聞かせます。

「大丈夫！」……自分を信じて奮い立たせる言葉

「やるしかない！」……気合を入れる言葉

「これからどうしたらいいかを考えよう」……未来に目を向けるための言葉

「これもいい経験になる！」……困難をプラスに受けとめるための言葉

何かが起こってしまったとき、「なんでこうなってしまったんだろう」と後悔してばかりいたり、いつまでも立ち止まって落ち込んだままでいても、仕方ありません。どうにもならない過去を振り返っても、状況は何も変わらず、先にも進めません。苦しい気持ちばかりがわいてきます。

それよりも、起こったことをひとまずよしとして、今後何ができるのか、どうすればいいのか、どこを目指して進めばいいのかなどと未来志向で考えて行動できる女性は、凛としていて素敵です。問題も、早く解決に向かっていきます。

そのときに味方になってくれるのが言葉です。

言霊《ことだま》という言葉があるように、自ら発した言葉は心の奥に深く根づきます。ですから、解決策が思いついていなくても、ひとまず「大丈夫！　なんとかなる！」と言ってみる。気持ちが前に向かなくても「これもいい経験！」と言い切ってみる。「これからどうするのがいい？」と問いかけてみる。これらをぜひ心がけてほしいのです。

言葉だけでも変えてみたら、いつのまにか気持ちもついてきます。

Rule

44

言葉遣いの適度な距離感を知る

微妙な距離感を制して仲を深める

▼スムーズな流れをつくるには近すぎず、離れすぎず

人間関係の適度な距離感は、高速を走る車の車間距離と似ているといわれることがあります。スムーズな流れをつくるには、「近すぎず、離れすぎず」がベストだということですね。

親しい人に丁寧すぎる敬語を使うと、よそよそしくて慇懃無礼な態度と感じられてしまいます。でも、さほど親しくないのに遠慮なく話すと、なれなれしいという印象を与えてしまうと思いませんか？

実際に職場で仕事に関わるやりとりをする場面になると、目上の人に対して「先輩っ

て○○だよね」と同級生と会話するような口のきき方をしたり、親しくなった瞬間から、先輩をあだ名で呼んでしまったり、目上の人をからかったりしてしまう人がいます。

たいていの場合、言われた相手は「そこまで急速に距離を近づけてくるなんてどういうこと？」と戸惑いますし、なれなれしくて不愉快に感じる人もいます。


好かれる人は、いまこの瞬間の会話で、どの程度の言葉遣いをすればいいのかを瞬時に見極められます。親しくなったからといって、相手に「この人はなれなれしいな」と思わせたりしません。

たとえば、職場の先輩と親しくなり、飲み会などでプライベートの会話をしているときには、くだけた会話をしても問題ありません。

でも、仕事のやりとりをするときは、「です」「ます」などの丁寧語を使い、「よろしくお願いします」「ありがとうございます」といったあいさつ、お礼は欠かさないという配慮が必要です。

いま、この人と自分の間では、どの程度の言葉、敬語を使うべきか、失礼にならないのか、見極められるといいですね。

親しさとなれなれしさには、はっきりとした境界線があります。

それは、親しさは相手に安心感を与えますが、なれなれしさは、相手を不快にさせるということ。

知らず知らずのうちに、失礼な態度をとってしまっていないか、振り返っておきたいですね。

失礼な印象を与えずに親しみを感じさせるには

では、親しみを感じさせつつ丁寧な印象を与えるには、何に気をつければいいのでしょうか。

もっとも大切なのは、誰に対してもにこやかに接することです。ただ、いくら距離が近づいても、目上の人や仕事の関係者とやりとりするときには、相手を立てることを忘れないようにしましょう。からかったり、失礼な冗談を言ったりするのは危険です。そして、基本的なことですが、言葉遣いにも配慮したいですね。

たとえば、会社の飲み会の場では上司にもフランクに接しても、仕事に戻ったときには、これまでどおり、敬語を使って丁寧に接する。これだけでもずいぶん違います。

プライベートの場でも、初対面からあまりにもなれなれしく接してこられたりすると、人は警戒してしまうものです。

まだあまり親しくないうちは、ひとまず相手の態度に合わせてみるといいかもしれません。相手が丁寧ならそれに合わせる。堅苦しいのはやめようという態度なら、フランクさを取り入れてみる。

距離感のつかみ方がわからなければ、まず誰に対しても聴き役に徹してみるのもいいでしょう。相手の話に耳を傾けることで、その人の人柄や価値観がわかりますし、話を聴いてもらえることで、相手もうれしくなるはずです。

もちろん年齢によって使うべき言葉遣いは変わってきますが、仕事の関係者や初対面の相手に、まるで友人のようにふるまうことは、控えたほうがいいですね。

Rule
45

「すみません」を言わずに過ごす

代わる言葉を探して心を伝える

▼あらゆる場面で使える便利な言葉ではあるけれど……

アンケートをとると、どんな人でもつい言ってしまう言葉の代表選手が「すみません」です。すみませんという言葉が悪いわけではないのですが、この言葉をあらゆる場面で使うのは、少し問題です。

たとえば、謝るとき、お願いするとき、断るとき、お礼を言うとき、人の前を通るとき、人に呼びかけるときなど……。

あらゆる場面で使える便利な言葉ですが、すみませんという言葉ばかり使っていると、語彙力のとぼしい人だと思われてしまいます。

謙遜する気持ちから、「すみません」を連発する人もいるのですが、言われる側が申し訳なく思ってしまうこともあるので、避けたほうがいいでしょう。

また、目上の人と話すときや、仕事での重要なプレゼンや打ち合わせのとき、プライベートでのややかしこまった場面では、おすすめできない表現です。

とくに、お礼やお詫びを伝える場面では、ほかの表現を使ったほうが、相手に気持ちも届きます。


お礼を言うとき……「ありがとうございます」

謝るとき……「申し訳ございません」「大変申し訳ございませんでした」

お願いするとき……「恐れ入りますが」「お手数をおかけしますが」

断るとき……「申し訳ありませんが」

人の前を通るとき……「失礼します」


口癖になっていると、とっさに出てしまうこともあるかもしれませんが、少しずつでも、ほかの言葉に言い換える習慣をつけたいですね。紹介したフレーズを覚えておくだけでも、ずいぶん表現の幅が広がりますよ。

Rule
46

話し上手より聴き上手

相手が求めているのは話を聴いてくれる人

▼コミュニケーションの主導権は聴き手が握っている⁉

話しベタで会話が続かなかったり、しゃべりすぎて後で自己嫌悪に陥ったり……。会話に苦手意識を持っている人は数多くいます。そういう人は、つい「何か相手が喜ぶような、楽しい話をしなくては」と力が入ってしまうものですが、話し上手になろうとする必要はありません。いい関係を築きたいなら、まずは相手の話を聴くことを大切にしましょう。というのも、じつはコミュニケーションは聴き手が主導権を握っているからです。相手が話をしっかり聴いてくれる人なら、自然と会話は続きます。でも、聴き手の反応が薄かったり、無表情で「はい、はい」と単調な相づちを打ち続けていると、いくら話し上手の人でも、だんだん話しづらくなり、会話が発展しません。では、いい聴き手とは、どんな人でしょうか。
　意識したいのは、相手に身体を向けて、うなずきながら話を聴くことです。
「そうそう！　わかる！」（同意）
「それはビックリするよね」「うれしいですね」（共感）
「わ〜すごい！」（尊敬）
　同意・共感・尊敬の相づちを打てると、それだけで話し手は気持ち良く会話できます。

　相手の話の最後の言葉を繰り返す、しりとりのような会話もおすすめです。
相手「この前の休日に、沖縄旅行に行ったんだけどね」
あなた「いいですね、沖縄に行ったんですね」
相手「そう、いい天気だったし、おいしいものもたくさん食べたわ」
あなた「おいしいもの！　何がおいしかったのですか？」
　こんなふうに繰り返し、質問を重ねると、話は発展します。
　話すこと３割、聴くこと７割ぐらいで、相づちとしりとりの質問を使ってみてください。とてもいい雰囲気で会話ができます。

Rule 47

ひと言で相手の話に上手に切り込む

話の腰を折らずにタイミングをつかむ言葉がある

▼上手に会話に質問や言いたいことをはさむには

話し方について、よく相談されるのが、会話をしながら、うまい具合に質問がはさめなかったり、言いたいことをその場で言えないという悩みについてです。

たしかに、不用意に言葉をはさむと、相手の話の腰を折ってしまうこともあります。そんなときは、相手の話の大事なところで相づちを打ちつつ、「私は～」と話してみてください。そうすることで、会話の主導権を自分に持ってくることができます。

「はい。ええ。そうですね」といった相づちは、相手にとっては話しやすいので、スムーズに会話は進んでいくのですが、相手主導の会話になってしまうので、質問や意見をはさむタイミングはつかみにくくなります。
そんなときには、相手の話した言葉の復唱確認のような相づちがおすすめです。

×
相手「この前、とってもワインがおいしいお店に行ったのよ」
自分「そうなんだ」
相手「それでね、そこはお料理もおいしくって、とくに魚介のパスタがね……」

◯
相手「この前、とってもワインがおいしいお店に行ったのよ」
自分「ワインがおいしいお店ね。それってどこにあるの？」

◯のフレーズのように、相手が言ったことを復唱しながら質問をすれば、キャッチボールのような会話になります。
もうひとつ例を挙げましょう。

上司から「来期には、君に新規のクライアントの担当をお願いしようと思っているんだけど、それってね、つまり……」と口をはさむ間もないくらい続けざまに話しをされたとします。

そこで確認したいことや、意見がある場合には、上司の話の途中でいいので、こんなふうに言いましょう。

「新規のクライアントということですね。◯◯さん、確認なんですけど……」

「来期ですよね。私の状況もお伝えしたいのですが、よろしいでしょうか？」

▼相手にひと呼吸つかせるひと言

自分の話を聞いてもらいたいとき、まず相手の名前を呼びかけるのもおすすめです。

これは、コールセンターの人が、相手に話を聞いてもらいたいときに使う手法です。

自分の名前を呼ばれると、人は耳を傾けたくなるのです。たとえば、こんな具合に。

相手「◯◯があって、□□したんだよね！」

自分「□□ですね、××様（さん）！　私も□□については……」

相手が矢継ぎ早に話しているタイミングで口をはさむときには、「質問があるのですが」「確認したいことがあるのですが」「これは私の意見なんですが」と、何について話すのかを伝えてから切り出したほうがいいでしょう。

そのほうが、相手も理解しやすくなり、「何なに？」と聞いてくれやすくもなります。

とくに女性の場合は、質問なのか、確認なのか、相談なのか、明言しないままに話しはじめてしまうことが多いのですが、男性は、先に結論を聞きたい人が大多数なので、何の話なのかわからないと、ストレスを感じてしまいます。

適切なタイミングで質問をはさむことができる女性は、一目置かれます。

遠慮せず、ひと言で切り込む習慣を身につけていきましょう。

Rule 48

その話のちょうどいい加減を意識する

長い・聞こえない話はストレスの素

▼一番大切なのは決められた時間に収めること

ビジネスの場面で話をするとき、絶対に欠かせないのは、タイムマネジメントです。どんなにいい話をしても、時間をオーバーしていれば周囲に迷惑がかかります。まず時間を守るのは基本中の基本と覚えておきましょう。

会合などでは、発言の時間が聴衆に予告されている場合もあります。そのような場では、予定時間を過ぎると、聴衆たちはだんだん時間を気にしはじめ、話に集中できなくなっていきます。次のスピーカーに迷惑をかけてしまうこともあります。限られた時間のなかで目的に合った話ができるかどうかは、その人への評価にも影響するものです。

乾杯のあいさつや会の冒頭でのあいさつなど、長くなると飽きてしまうような場では、とくに話を短くまとめることを意識しましょう。

叱る場面やアドバイスする場面でも、長くなるのはＮＧ。人は、あまり長い話は覚えていられません。３分以内が限度です。それ以上になってくると、言われる側の耳に入らなくなり、論点もどんどんずれていきます。

声の大きさはどうでしょうか。ただ大きいだけの声と、通る声は違います。

怒鳴っているかのようなうるさい声は、不快感を与えてしまうので厳禁です。

通る声を出すには、腹式呼吸でお腹から声を出すようにして、口を開けます。とくに、「ア」の音を発音するときに、指２本が縦に入るくらい開けると、聞き取りやすい明瞭な声になります。女性の場合は、口を横に開けて話すと、一気に幼い印象の話し方になってしまうので要注意です。

人を引きつけたいと思うときや、大勢の前で話すときには、大きなよく通る声で話すことを心がけましょう。この場面で小さい声で話すと、それだけで聴き手たちはストレスを感じてしまいます。話の長さや声の発し方もホスピタリティのひとつ。状況に応じて、配慮できるようにしたいですね。

Rule

49 まずは20字で結論を伝える

「で？」と聞き返されないトレーニング

▼多く話せば多く伝わると思うのは間違い

個人差はあるものの、総じて女性は、コンパクトに話ができないといわれがちです。思い当たることがあれば、理路整然と話すために、ぜひおすすめしたいトレーニングがあります。

真っ先に実践してほしいのは、話の冒頭で「今回お伝えしたいことは◯◯です」「結論として、まずお伝えしたいのは◯◯です」と20字以内で伝えることです。これだけで、「何が言いたいの？」と言われることがなくなるはずです。

多くのことを話せば、多くのことを理解してもらえるとは限りません。何を伝えたいのか、核となるメッセージ（コアメッセージ）を20字以内で考えましょう。その次になぜそう思うのか、理由を伝え、最後にもう一度コアメッセージで締める。そうすれば、しっかり伝わる話し方ができます。

▼キーワードを並べて構成を考える

大勢の前で話す準備をするときには、一言一句話す言葉を決めてしまうような完全原稿をつくるのはおすすめしません。

心に響く話し方ができる人は、その場にいる聴き手に対して、自分の言葉で話しています。たとえ自分の言葉で原稿を作ったとしても、それを読み上げたり、暗記したとおりに言ったりするようでは、結果的に相手に伝わらないと私は思っています。

かといって、思いつきで話せばいいということではありません。最低限、話す前に構成の準備が必要です。

「構成」といってもわかりづらいでしょうか？　たとえば、この本の目次に並んでいる程度のキーワードを書き出しておけばＯＫ。

「クレームの重要性」を伝えるスピーチだとしたら、こんなキーワードを書き出します。

・クレームはお客さまからの生の情報提供
・組織の信頼度を上げる初期対応とは？
・お客さまの要望に同意できなくても、理解は示す

5〜6個キーワードを書き出したら、本来の話の目的とずれていないか確認し、話す順番を決めます。この例でいえば、「クレーム」というテーマに合っているかを確認します。

この準備を進めることで、自分が何を一番伝えたかったのかが明確になりますし、聴衆が聞きたくなるような話の組み立てもできあがります。

▼「なぜ」の部分を入れて説得力を高める

説得力を高めるためには、話す順番にもポイントがあります。前述したように、王道は、「結論→裏づける理由→具体例や検証事例→結論」の流れです。

結論を話した後に、なぜそう言えるのか、理由を伝え、主張を裏づけるような根拠やデータや事例を示せると、より説得力が高まります。

ここが明確ではないと、単なる思いつきの発言だと思われてしまう可能性があるので、欠かしてはいけない要素です。

実際に話すときには、なるべく一文が短くなるようにします。

スピーチが苦手な女性は「。」がなく、「、」で文をつないで、一文がだらだらと長くなってしまう傾向があります。これでは聴き手をとても疲れさせてしまいますし、話している本人も、何の話をしているのかわからなくなってきてしまいます。

できるだけ多く「。」を入れて話すようにしましょう。

そうすると、聴く側も話す側も、話を理解するための「間」を持つことができて、伝わりやすくなりますし、話し手としての評価も高まります。

Rule

50

言いにくいことは短く伝える

短いからこそ言い方と手段選びは慎重に

▼クレームは事実と今後の要望のセットで

断ったり、無理なお願いをしたり、クレームを伝えたり……。ふつうに仕事や生活をしていたら、言いにくいことを伝えなければならない場面はたくさんありますね。できれば、そんなとき、カドが立たない言い方ができたり、こちらの要望をスムーズにわかってもらえたら、と思うはずです。

まずクレームを言うときには、ただ自分の感情をぶつけるだけのような言い方はおすすめしません。期待したとおりになっていないため、不満、不快、がっかり、残念という気持ちを感じている状況だということを伝えます。現実にこうなっているという事実を伝え、今後、どうしてほしいのか（ほしかったのか）を具体的に伝えましょう。

「こんな状況になって、大変困っています」「期待していたのに、こんなことになって残念な気持ちです」と、こちら側の気持ちを伝えることも大切です。

そのほうが、相手も、ただ責められているとは思わず、対応を考えようという気持ちになります。


お願いするときや、断るときには、なるべく短い言葉で伝えましょう。

「恐れ入りますが、私は〇〇のように考えています。ご検討いただけますか？」

「せっかく誘っていただいたのですが、残念ながら〇〇の予定で伺えないのです。申し訳ありません」

そのほうが、相手を不快にさせず、しっかり伝わります。


「もし……できればでいいんですが、あの、無理はしなくてもいいんです……」

「難しければ、断っていただいてもいいですし……」

「こんなことをお願いするのは本意ではないんですが、私も〇〇さんから頼まれて……」

このような遠回しな言い方や、まわりくどい言い方をすると、相手に伝わらないだけでなく、イラッとさせてしまう可能性もあります。

少し気をつけるだけで伝わり方が変わりますから意識してください。

▼便利で手軽だけれど使用には注意が必要

手軽に相手とコミュニケーションを図る手段として、SNSを使って仕事関係の人とやりとりをするケースも増えてきたようです。

たしかに、LINEをはじめ、メッセンジャー（Messenger）、チャットワーク（ChatWork）などの手段でやりとりしたほうが、身近なスマートフォンを利用してすぐに確認できます。時系列で追いやすいので便利だという人もいます。

さすがに、LINEで言いにくいことをさっさと手軽に伝えてしまおうなどと考える人はいないはずですが、とくに仕事の場合は、送る前に、そもそも手段としてふさわしいのか考えてみてください。

その手軽さゆえ、送る内容によっては「えっ？　この内容をメール（LINE）で送ったの？」と違和感を与え、トラブルにもつながりかねないからです。

たとえば、上司への退職の相談や報告、結婚の報告、さらに価格交渉、仕事の相談や悩みまで長文で送ってしまうというケースがあります。なかには、先輩から説教のような長文メールが送られてきて驚いたという人もいました。

取引先への仕事の相談やそれにまつわる金額交渉に関すること、上司に退職や結婚のことなど、改まった内容を伝えるのにメールやＬＩＮＥで済ませるのは、相手に対して失礼にあたる行為です。受ける側は、「文章でさらりと伝えられるような案件ではない」とその軽さを不快に感じるからです。

このような大切な案件については、メールやＬＩＮＥを活用するとしたら、「〇〇についてご相談（ご報告）したいことがあるのですが、時間をいただけませんでしょうか」といった打診にとどめ、本題は会って直接話すようにしましょう。

もちろん、私自身も、仕事の相手と、メッセンジャーやチャットワークを活用してやりとりをすることがあります。その場合は「この内容については、この手段でやりとりをしましょう」と確認した上で活用していますし、メッセージを送る際には誤解を与える表現になっていないか、きつい語調になっていないか、打った後にかならず読み返すようにしています。

▼送る時間帯にも配慮する

やりとりができる連絡手段が増えたからこそ、相手への配慮は必要です。

たとえば、相手へメールなどを送る時間帯についてもそうです。

私の場合は、相手のアドレスで判断するようにしています。

仕事柄、昼間にメールの確認ができず、研修後にようやくメールをチェックすることが多く、返信が夜遅くになってしまうということがあります。

その場合、相手のアドレスが明らかにパソコン用だとわかれば、時間を気にせずに送ることもあります。

ただし、ＬＩＮＥやスマートフォンなどのアドレスの場合は、深夜や早朝に送ってしまうと、迷惑をかけることになります。ですから、よほどの緊急連絡（約束前日の夜にキャンセルするなど）ではない限り、深夜や早朝の送信は避けるようにしています。

仕事などで上司や先輩とやりとりをするときには、相手から指示されないかぎり、ＬＩＮＥなどの気軽な連絡手段は使わないほうがいいでしょう。

メールやＬＩＮＥのおかげで、とても便利になった半面、マナーが確立されていないことも多く、どうしてもトラブルが起こりがちです。

便利な連絡手段は、相手への配慮を意識して、うまく活用していきたいですね。

おわりに

最後までお読みいただき、ありがとうございます。

50項目を紹介しましたが、正直にいうと、私自身も常に全て完璧にできているわけではなく、日々自分に言い聞かせていることも含まれています。

あなたも、どうか「できていないこと」よりも、「知っている」「できている」ことに目を向けてみてください。

研修で多くの女性たちからの相談や質問を受けて思うのは、実際は「皆、それぞれが自分の答えを持っている」ということ。

どういうことでしょうか？

たとえば、職場の上司に、後輩に、取引先に、そして友人やお付き合いしている大切な人やパートナーに、

「こういう思いを伝えたいんだけど、どう伝えたらいいでしょうか」

また、今の仕事について、

「今後こうしたいと思っているんですけど、どうでしょうか」

という相談を頻繁に受けます。でも、ここで「答え」そのものを求めてくる人はほとんどいません。

そのため「今、私に言ったとおりに伝えてみたら?」と何度答えたことか……。

多くの人は、もう自分のなかに、答えを持って私の前に並んでいるんですね。

答えは胸の内にあっても、「これでいいの?」と一筋の迷いを感じて、ポンと背中を押してもらいたがっているようです。

「ご自身でどうしたいか、どうすればいいか、ちゃんと答えを持っていますね」

そうお伝えすると、ぽろっと涙がこぼれたり、ぱっと晴れやかな顔になったり……。

この本が、彼女たちと同じように真剣に生きる皆さんの背中をそっと押す役割を果たせれば、これほどうれしいことはありません。


最近、知り合いの女性から、「不惑と呼ばれる年齢を迎えたのに、毎日迷ってばかりで……」と相談を受けました。

はっきり言いますが、残念ながら、迷いや悩みはいくつになってもなくなりません。

私自身、人から多くの相談を受け、アドバイスを求められるような立場になり、50歳を過ぎたいまでも、悩み，迷い、不安に思うこともあるのですから、そう言いきれるのではと思います。

ただ、悩みも迷いも尽きないけれど、年齢を重ねるごとに、それらと上手く付き合えるようになるのも事実です。

もちろん、年々体の衰えは感じるものの、肩の力が抜け、経験値が増え、時間が足りないと思うくらい やってみたいことも尽きず「今もまだまだ成長中！」と思える私がいます。

昨年、50歳の誕生日を迎えたとき、ある女性の友人からこの言葉を贈られました。

それは、ココ・シャネルの言葉でした。

「20歳の顔は自然から授かったもの。30歳の顔は自分の生様。だけど50歳の顔には、あなたの価値がにじみ出る」

年を重ねることは悪くない。

そして、もがきあがいたこと、悩み、迷ったこと、それを含めて経験したこと全てが、あなたというかけがいのない人の価値をつくり上げる。

そんな思いと、もっともっと自分の可能性を信じ、しなやかに伸びていってほしいという願いをこめて、それぞれの項目を書き上げました。


今回の本の企画をご依頼くださった毎日新聞出版の久保田章子さん。そして私の出版のパートナー、サイラスコンサルティングの星野友絵さん。

多くの方に役立つ本をつくりたいという熱い思いを持ち、プロの仕事をしてくださる、私がとても信頼しているお二人と念願叶って本づくりができたことがとても嬉しく、改めて感謝申し上げます。

２０１７年12月　戸田　久実

戸田　久実（とだ　くみ）
アドット・コミュニケーション株式会社代表取締役。一般社団法人日本アンガーマネジメント協会理事。
大学卒業後、民間企業にて営業、社長秘書として勤務。現在は研修講師として民間企業、官公庁の研修・講演の講師として活躍する。対象は新入社員から管理職まで幅広く、相互信頼をベースにした「伝わるコミュニケーション」をテーマに「アンガーマネジメント」「アサーティブコミュニケーション」「クレーム対応」「プレゼンテーション」「インストラクター養成」「女性リーダー研修」など多岐にわたる研修や講演を実施。講師歴は26年。登壇数は3000を超え、指導人数は10万人に及ぶ。
おもな著書に『アンガーマネジメント　怒らない伝え方』『ゼロから教えて 接客・接遇』（かんき出版）、『マンガでやさしくわかるアンガーマネジメント』（日本能率協会マネジメントセンター）、『「つい怒ってしまう」がなくなる　子育てのアンガーマネジメント』（青春出版社）などがある。

参考文献：『ことばの力』大岡信（花神社）

働《はたら》く女《おんな》の品《ひん》格《かく》

30歳《さい》から伸《の》びる50のルール

第1刷　2018年1月30日
第3刷　2025年5月30日

著　者　戸田久実《とだくみ》

発行人　山本修司

発行所　毎日新聞出版

〒102-0074
東京都千代田区九段南1-6-17　千代田会館5階
営業本部　03（6265）6941
図書編集部　03（6265）6745

印刷・製本　日経印刷

ISBN978-4-620-32493-7